▶ Je retrouve, sous forme d'extraits ou d'histoires complètes, tous ces ouvrages et d'autres encore da

rêver, frissonner, jouer avec les mots.

▶ des BD, des contes, des pièces de théâtre, des poèmes

© Delcourt Jeunesse

© Rue du monde

© Gallimard Jeunesse

© Magnard

© Théâtrales Jeunesse

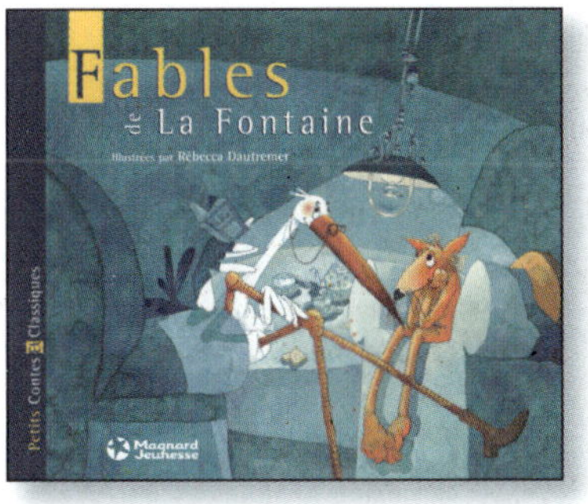

© Magnard Jeunesse

© Hachette Jeunesse

© Rue du monde

découvrir et comprendre le monde

▶ des documentaires

© Casterman

© Gallimard Jeunesse

▶ des encyclopédies

© Gallimard Jeunesse

Pépites Français

CM2

Coordonné par
Catherine Savadoux-Wojciechowski
Inspectrice de l'Éducation Nationale

Magali Caylat
Conseillère pédagogique

Laure Degoul
Conseillère pédagogique

Marie-Ange Maurouard
Professeur des écoles – Maître formateur

Sylvie Moussaoui
Conseillère pédagogique

MAGNARD
www.pepites.francais.magnard.fr

Lecture
Écriture
Oral

1

Trouver des indices pour comprendre un texte

Dans ce chapitre, tu vas apprendre à :

- Identifier **le narrateur** d'un texte.
- Repérer **où et quand** l'action se déroule.
- Identifier **les personnages d'un récit**, les caractériser, identifier **leurs émotions**.
- Comprendre **les relations** qui les unissent.
- Comprendre la **logique d'enchaînement** des actions.

Tu pourras ensuite :

Argumenter tes choix de lecture.

Écrire la suite d'un texte.

1 La rentrée des classes

Je n'aime pas trop l'école.

Cette année, en plus, je redouble. Ça m'a énervé, parce qu'ils ont fait passer tout le monde, sauf moi. Ils ont dit que j'étais trop lent. Ça se voit qu'ils ne m'ont jamais vu courir ! Je cours aussi vite que le héros du film quand la grosse langue de lave brûlante veut le rattraper pour le carboniser ! Je cours si vite que parfois, même mon ombre n'arrive pas à me suivre ! Mais je ne le leur ai pas dit. Ils s'en seraient fichus de mes courses, de mon ombre, de tout ça, je le sais bien. J'ai juste pleuré un peu, en cachette, dans les toilettes (c'est le seul endroit où l'on peut pleurer à l'école, partout ailleurs, c'est plein d'yeux qui vous guettent).

Déjà que je n'avais pas trop de copains, maintenant je n'en ai plus du tout. Bon, c'est encore le début de l'année, ça peut s'arranger – enfin c'est ce que maman m'assure... Elle dit toujours des trucs comme ça, pour me remonter le moral ; je fais semblant de la croire, pour ne pas lui faire de peine, mais j'ai constaté que la vie était souvent plus dure pour les enfants que ce que croient les mamans.

Je n'aime pas trop l'école, parce que les autres se moquent de moi. Pourquoi ils se moquent ? Pour un tas de raisons, je crois : parce que souvent je bégaye, parce que je ne comprends pas tout immédiatement, parce que j'ai toujours envie d'être ailleurs qu'en classe, parce que je rêve.

Je ne suis pas heureux, à l'école.

Mais j'aime bien y aller. Je veux dire le chemin pour y aller. J'y vais toujours tout seul, en liberté. Partout ailleurs, il y a quelqu'un qui me commande : « Fais-ci, fais ça, pas comme ci, pas comme ça... » C'est tuant ! Dans la rue, je fais ce que je veux. Je décide : je vais sauter cette flaque, et hop, je la saute. Je vais shooter dans ce marron, et je shoote. Personne pour me contrarier !

Dans la rue, je suis le roi !

Ailleurs, c'est une autre paire de manches, comme dit mon papy.

Jo Hoestland, *Tu peux toujours courir*, Nathan Poche, 2005.

Je découvre le texte

1 **Qui le pronom *je* désigne-t-il dans la phrase :**
« Je n'aime pas trop l'école. » (ligne 1) **?**

2 **Qui est désigné par le pronom *ils* aux lignes 2 et 3 ?**

3 **Relève dans le 1er paragraphe ce qui te permet de savoir à quel moment le récit se déroule.**

Je comprends le texte et j'explore le vocabulaire

4 **Relève dans le texte pourquoi le narrateur est trop lent :**
« Ils ont dit que j'étais trop lent. » (ligne 3).

5 **À quel personnage célèbre de bande dessinée est-il fait allusion dans cette phrase :**
« Je cours si vite que parfois, même mon ombre n'arrive pas à me suivre ! » (ligne 5) **?**
a. Tintin **b.** Yakari **c.** Cédric **d.** Lucky Luke

6 **Pourquoi le narrateur pleure-t-il ?**
a. Parce qu'il a perdu la course. **b.** Parce qu'il redouble. **c.** Parce qu'il va se faire carboniser.

7 DÉBAT **D'après toi, pourquoi le narrateur affirme-t-il cela :** « … mais j'ai constaté que la vie était souvent plus dure pour les enfants que ce que croient les mamans. » (ligne 13) **?**

8 **Choisis parmi les émotions suivantes celles que le narrateur ressent. Justifie tes réponses en t'appuyant sur le texte.**
fierté • tristesse • joie • peur • espoir • colère • énervement

9 **Relève dans le texte les raisons pour lesquelles le héros n'est pas heureux à l'école.**

10 **Complète cette phrase : Il n'aime pas l'école, mais il est heureux d'y aller parce que…**

11 VOCABULAIRE « Je vais **shooter** dans ce marron, et je **shoote**. » (ligne 23)
Trouve l'origine du mot écrit en bleu. Remplace-le par un synonyme.

12 VOCABULAIRE **Remplace l'expression *une autre paire de manches* (ligne 26) par une expression synonyme.**

13 DÉBAT **Quel est le sentiment ressenti par le personnage lorsqu'il dit :**
« Dans la rue, je suis le roi ! » (ligne 25) **? Justifie ta réponse par des extraits du texte.**

J'écris pour mieux comprendre

14 Cette année, en plus, je redouble. Ça m'a énervé, parce qu'ils ont fait passer tout le monde, sauf moi. (ligne 2)

Rédige en une dizaine de lignes les arguments que le héros pourrait donner pour justifier son énervement.

2 Déracinement

J'ai regardé une dernière fois notre jardin potager, l'avocatier, le corossolier[1], et surtout la haie d'hibiscus rouges que maman avait plantée tout autour de notre case.
– C'est pour te rappeler que, même pauvre, on appartient toujours au monde des hommes, me disait-elle. Le rouge de l'hibiscus, c'est notre cœur !
Mais maintenant qu'on déménageait, qu'allait devenir notre haie d'hibiscus ? Est-ce qu'on peut laisser son cœur quelque part et partir ? Là où on allait, y aurait-il un pied de piment, un de citron vert et une jarre pour garder l'eau fraîche ?

La terre ne nous appartenait pas. C'est pour cela que notre case était juste posée dessus. Un jour, papa a dit que nous allions la fixer définitivement sur la terre qu'il venait d'acheter. Les pilotis allaient s'enfoncer dans le sol, grâce à quatre trous emplis de béton frais.
Pa Zidor a reçu l'aide des voisins les plus costauds pour hisser notre petite case dans une charrette à bœuf. Elle avait l'air aussi petite qu'une coquille de *bougot*[2].
Le soir, j'avais l'habitude de grimper sur son toit de tôle encore brûlante, où j'écoutais Dézi jouer de sa flûte en bambou. C'est là aussi que je pouvais capter radio Salsa Caliente, tout en comptant les étoiles.

Comme pour nous dire au revoir, madame Soufrière s'était dépouillée des nuages et de la brume qui la rendaient mystérieuse et effrayante. Je n'avais soudain plus peur du volcan.
Après une longue journée de route, on a posé notre case-escargot entre deux autres maisons. Il y avait juste la place pour l'y faufiler. Devant, c'était la ville ; derrière, la mer. Je ne connaissais ni l'une ni l'autre. Cela a bien occupé ma tristesse.
Man Titine, elle, a pleuré. Papa avait acheté du sable et non de la belle terre noire et grasse qui donne de belles ignames et de beaux maniocs.
– Acheter du sable !... Les hommes sont fous ! C'est un bien sans titre de propriété. La mer, au moindre cyclone, peut reprendre ce qui lui appartient !
– Tchiiip ! s'est exclamé papa sans plus d'explication.

1. Arbre fruitier. 2. Bigorneau (coquillage).

Je suis allé lui dire qu'il valait mieux tourner la maison dans l'autre sens. Qu'elle soit face à la mer plutôt que lui tourner le dos.
– José, nous ne sommes pas là pour regarder la mer ! s'est-il fâché. La mer, ça donne la nausée et ça fait rêver pour rien. Les rêves donnent faim. Une faim sans fin !

Alex Godard, *La case aux hibiscus rouges*, Albin Michel Jeunesse, 2005.

Je découvre le texte

1 **Nomme tous les personnages de l'histoire. Quels liens les unissent ?**

2 **Regroupe les mots qui désignent les mêmes personnages :**
je • papa • maman • Pa Zidor • Dézi • Man Titine • José

3 **Parmi les personnages de l'histoire, qui est le narrateur ? Justifie ta réponse.**

Je comprends le texte et j'explore le vocabulaire

4 VOCABULAIRE **En t'aidant du dictionnaire, choisis le sens du mot *case* (ligne 2) qui convient.**

5 DÉBAT **Explique ce que veut dire l'auteur dans cette phrase :** « Est-ce qu'on peut laisser son cœur quelque part et partir ? » (ligne 7).

6 **Selon toi, qui est « madame Soufrière » ? Justifie ta réponse.**
a. une voisine **b.** un volcan **c.** la grand-mère **d.** une sorcière

7 VOCABULAIRE **Que sont les *ignames* et les *maniocs* (ligne 25) ? Justifie ta réponse.**
a. des animaux domestiques **b.** des cailloux **c.** des plantes comestibles **d.** des insectes

8 **Où se déroule cette histoire ? Justifie ta réponse.**

9 DÉBAT **Pourquoi l'auteur appelle-t-il sa maison une *case-escargot* (ligne 21)?**

10 **Où se trouve la case au début du récit ? Puis à la fin du récit ?**
au bord de la mer • près d'une ville • dans un jardin potager • sur le sable • sur une charrette

11 **Le narrateur est…** en colère effrayé triste émerveillé étonné
Relève dans le texte la phrase qui le montre.

12 DÉBAT **Que veut dire le père en prononçant cette phrase :** « La mer, ça donne la nausée et ça fait rêver pour rien. Les rêves donnent faim. Une faim sans fin ! » (ligne 31) **?**

J'écris pour mieux comprendre

13 **Écris en une dizaine de lignes ce que le père va raconter à José pour expliquer le déménagement et le choix de l'emplacement de la case.**

3 Histoire de famille

En 1848, un homme et une femme fuirent l'Irlande, où sévissait la terrible famine de la pomme de terre, et s'installèrent en Géorgie, au sud des États-Unis. Ils se marièrent dans la ville de Colombus et, au cours des années qui suivirent, eurent trois enfants qui successivement disparurent bébés, de maladie ou de privations. Alors que ces jeunes Irlandais désespéraient, un quatrième enfant naquit – ils l'appelèrent Patrick – et ce garçon-là ne mourut pas. Je vois dans cette survie la première manifestation de son caractère.
Patrick O'Donnell, mon grand-père. L'être humain le plus dur que j'aie jamais connu, celui aussi que j'ai le plus aimé.

Les événements dont je veux vous parler se produisirent en 1920. Ils ont pour héros Patrick O'Donnell, qui entrait alors dans sa soixante et unième année, un ouvrier noir de dix-sept ans, Leroy Moor, qui travaillait pour la compagnie des chemins de fer, et un pur-sang arabe nommé Golden Clover, ce qui signifie Trèfle d'or. Le trèfle est l'emblème de l'Irlande.

Quant à moi, Sean O'Donnell, je n'étais qu'un témoin : des yeux et des oreilles. Je ne pris aucune part à l'histoire. Un enfant de six ans plus curieux qu'une pie, prompt à se dissimuler, à se faufiler comme un rat, à ramper même à l'instar[1] du serpent, voilà ce que j'étais. On pourrait imaginer qu'à cet âge, il me fut impossible de comprendre tout ce que je vis, et c'est vrai : je ne compris pas tout. Il me fallut des années pour mettre en place dans mon cerveau les péripéties auxquelles j'avais assisté. Malgré cela, je pense que Leroy Moor, Golden Clover et mon grand-père décidèrent pour une grande part, sans le savoir, des orientations de ma vie future. J'ai quatre-vingt-six ans, mais je me souviens très bien de ces journées.

1. Comme.

Jean-François Chabas, *Trèfle d'or*, Casterman, 2010.

Je découvre le texte

1 **Reconstitue l'arbre généalogique de la famille O'Donnell.**

2 **Le narrateur est-il un personnage de l'histoire ? Justifie ta réponse.**

3 **Quels personnages sont encore vivants à la date où le récit débute ?**

4 **Sur un axe chronologique, place les années 1848 et 1920, puis les événements suivants en indiquant la date à laquelle ils se déroulent :**

naissance de Patrick | naissance de Sean | début du récit | rédaction du récit

5 **Sur un atlas, situe l'Irlande, les États-Unis et la Géorgie.**

Je comprends le texte et j'explore le vocabulaire

6 **Qui est Golden Clover ?**

a. un cheval **b.** un trèfle **c.** l'emblème de l'Irlande **d.** le frère de Sean

7 **Remplace le mot *dur* par un synonyme dans la phrase :** « Patrick O'Donnell, mon grand-père. L'être humain le plus **dur** que j'aie jamais connu … » (ligne 8). **Puis explique pourquoi le narrateur qualifie ainsi Patrick O'Donnell.**

8 **VOCABULAIRE** **Cherche le sens du mot *privations*, puis explique ce que signifie cette phrase** « ils eurent trois enfants qui successivement disparurent bébés, de maladie ou de **privations** » (ligne 4).

9 **Quel va être le rôle du narrateur dans cette histoire ? Relève la phrase qui l'explique.**

10 **Les phrases suivantes sont-elles vraies ou fausses ? Justifie ta réponse.**

a. En 1848, les arrière-grands-parents du narrateur fuirent l'Irlande pour s'installer aux États-Unis.

b. Ils eurent quatre enfants dont le grand-père de Sean.

c. C'est Patrick qui vous raconte l'histoire de son grand-père Sean, et de ses frères Leroy Moor et Golden Clover, âgé de 6 ans.

d. C'est l'histoire de Patrick O'Donnell et de Leroy Moor, ouvrier des chemins de fer, âgé de 17 ans.

11 **DÉBAT** **D'après toi, pourquoi le narrateur affirme-t-il cela :** «… je pense que Leroy Moor, Golden Clover et mon grand-père décidèrent pour une grande part, sans le savoir, des orientations de ma vie future » (ligne 21) **?**

J'écris pour mieux comprendre

12 **Imagine que Patrick O'Donnell est le narrateur. Écris en une dizaine de lignes ce qu'il aurait dit.**

4 Rencontre au clair de lune

Dans le clair de lune, Bob découvrit un petit garçon en costume de page qui jadis avait dû être élégant. Il était à présent tout déchiré et taché, et le visage sale du garçonnet était couvert d'égratignures.

– Mon Dieu! dit Bob. Qui es-tu ?

– J'étais un rat, répondit le petit garçon.

– Qu'as-tu dit là ? intervint Jeanne qui s'était précipitée derrière son mari.

– J'étais un rat, répéta le petit garçon.

– Tu étais un... allons donc ! Où habites-tu ? demanda-t-elle. Comment t'appelles-tu ? D'où viens-tu, petit ? Mais le petit garçon ne savait dire qu'une chose : « J'étais un rat. »

Comme la nuit était froide, le vieux couple le fit entrer dans la cuisine et asseoir auprès du feu. Il contempla les flammes comme si c'était la première fois qu'il en voyait.

– Qu'allons-nous faire ? chuchota Bob.

– Donnons à manger à ce pauvre petit, répondit Jeanne à voix basse. Du pain trempé dans du lait, c'est ce que nous donnait ma mère.

Alors elle mit un peu de lait à chauffer dans une casserole sur la cuisinière à bois et émietta une tranche de pain dans un bol, tandis que le vieux Bob essayait d'en savoir plus sur le petit garçon.

– Comment t'appelles-tu ?

– Je n'ai pas de nom.

– Comment ça, tout le monde a un nom, voyons ! Moi, je m'appelle Bob, et voici Jeanne, tu vois. Tu es bien sûr de ne pas avoir de nom ?

– Je n'en ai plus. Je l'ai oublié. J'étais un rat, répondit l'enfant comme si cela expliquait tout.

– Ah, fit Bob. Tu as un joli costume, en tout cas. Je suppose que tu es en service, dis-moi ?

L'enfant baissa les yeux sur son pauvre costume en lambeaux, l'air désemparé.

– J'en sais rien, finit-il par dire. Je ne sais pas ce que ça veut dire. Oui, peut-être que je suis en service.

– En service, cela veut dire que tu es au service de quelqu'un, que tu es son domestique. Que tu as un maître ou une maîtresse et que tu leur fais les courses. En général, les petits pages comme toi accompagnent leur maître ou leur maîtresse dans leur voiture, leur carrosse, par exemple.

– Ah oui, c'est ça. J'étais un excellent page, je faisais tout bien comme il faut.

– Sûrement, dit Bob en approchant sa chaise, alors que Jeanne apportait à table le bol de pain et de lait tiède.

Elle le déposa devant le petit garçon qui plongea aussitôt la tête dedans et l'avala goulûment à grand bruit, se tenant fermement au bord de la table de ses petites mains noires de crasse.

Philip Pullman, *J'étais un rat*, trad. Anne Krief, Gallimard, 1999.

Je découvre le texte

1 **Quels sont les personnages de cette histoire ? Relève les mots qui les désignent.**

2 **Dans cet extrait, le narrateur est-il un personnage de l'histoire ? Justifie ta réponse.**

3 **D'après toi, où se déroule cette scène ? Justifie ta réponse.**

4 **Relève dans les textes les indices qui te permettent de situer cette scène dans le temps.**

Je comprends le texte et j'explore le vocabulaire

5 VOCABULAIRE **Cherche dans le texte le sens du mot *page*** : « un petit garçon en costume de **page** » (ligne 1). **Remplace-le par un synonyme.**

6 **Relève tous les détails de l'aspect physique du garçon. Que peux-tu en déduire ?**

7 VOCABULAIRE **Que signifie l'expression *l'air désemparé* dans la phrase** « L'enfant baissa les yeux sur son pauvre costume en lambeaux, **l'air désemparé**. » (ligne 34) **?**

a. L'enfant est étonné.
b. L'enfant est amusé.
c. L'enfant est insouciant.
d. L'enfant se sent perdu.

8 DÉBAT **À ton avis, que veut dire le petit garçon quand il répond :** « J'étais un rat » **?**

9 **Que nous apprend cette phrase :** « Elle le déposa devant le petit garçon qui plongea aussitôt la tête dedans et l'avala goulûment à grand bruit, se tenant fermement au bord de la table de ses petites mains noires de crasse. » (ligne 44) **?**

a. L'enfant est affamé. **b.** L'enfant mange comme un petit animal. **c.** L'enfant est poli.

10 DÉBAT **Comment qualifierais-tu l'attitude de Bob et de Jeanne ? Justifie ta réponse.**

accueillants • méfiants • attentionnés • inquiets • tristes • amusés • intrigués

11 **Comment la scène racontée te paraît-elle ? Justifie ta réponse.**

a. effrayante **b.** étrange **c.** banale **d.** triste

12 DÉBAT **D'après toi, qu'a-t-il pu arriver à l'enfant ?**

> – … Tu es bien sûr de ne pas avoir de nom ?
> – Je n'en ai plus. Je l'ai oublié. J'étais un rat, répondit l'enfant. (ligne 29)

J'écris pour mieux comprendre

13 **Raconte cette rencontre au clair de lune du point de vue de l'enfant.**

5 C'est bien de lire un livre qui fait peur

texte intégral

On est dans sa chambre, c'est l'hiver. Les volets sont bien fermés. On entend le vent qui souffle au-dehors. Les parents sont allés se coucher, eux aussi. Ils croient qu'on a éteint depuis longtemps. Mais on n'a vraiment pas envie de dormir. On a juste gardé la lumière de la petite lampe de chevet qui fait un cercle jusqu'au milieu des couvertures. Au-delà, l'obscurité de la chambre est plus mystérieuse.

On a hésité longtemps avant de choisir le livre. Agatha Christie ne fait pas peur, on suit trop l'enquête et on ne fait pas attention au reste. Les aventures de Sherlock Holmes, c'est mieux, avec les brouillards, les chiens, les chemins de fer parfois. Mais il y a trop de dialogues, et Sherlock est si sûr de lui – on ne peut pas penser qu'il va être vaincu. Finalement, on a choisi *L'Île au trésor*.

On a bien fait. Dès le début du livre, il y a une ambiance extraordinaire, avec cette auberge près d'une falaise. C'est toujours la tempête là-bas ; on a l'impression que c'est toujours la nuit aussi, avec la mer qui gronde tout près. Et puis Jim Hawkins, le héros, se retrouve vite avec sa mère à *L'Amiral Benbow*.

À sa place, on serait mort de terreur. Le vieux pirate réclame du rhum et se met en colère sans qu'on sache pourquoi. Mais le plus effrayant, c'est quand les autres pirates débarquent dans le pays à la recherche

de leur ancien complice. C'est une nuit de pleine lune, et l'aveugle donne des coups de canne sur la route blanche en criant :

– N'abandonnez pas le vieux Pew, camarades ! Pas le vieux Pew !

Il y a une illustration en couleurs avec cette image, du noir, du mauve, du blanc. C'est un livre un peu vieux, avec seulement quelques images – il n'y en aura pas d'autres avant au moins trente pages. On reste longtemps à regarder celle-là. Parfois, quand on s'endort, on a peur de devenir aveugle pendant la nuit, alors on se met dans la peau du vieux Pew – et c'est étrange, parce que en même temps on a peur qu'il vous donne un coup de canne. Heureusement, près de soi, on a la petite lumière bleue du radio-réveil et le poster de Droopy, mais on a l'impression qu'ils sont partis en Angleterre eux aussi, au pays du rhum, de la colère et des naufrages. C'est dangereux de s'endormir là-bas, mais on voudrait quand même – on dort si bien près du danger, et les draps sont si chauds, près de la pluie. C'est bien de se faire peur en lisant *L'Île au trésor*.

Philippe Delerm, *C'est bien* © Milan Poche, 2007.

Je découvre le texte

1 **Relève dans le texte les indices qui te permettent de dire où et quand ce récit se déroule.**

2 **À qui renvoie le pronom personnel *on* dans le texte ?**

Je comprends le texte et j'explore le vocabulaire

3 **Précise pour chaque nom suivant s'il s'agit d'un auteur ou d'un personnage de roman :**

a. Agatha Christie
b. Sherlock Holmes
c. Pew
d. Jim Hawkins
e. Droopy

4 **VOCABULAIRE** **Que désigne le mot *couvertures* dans cette phrase :** « la lumière de la petite lampe de chevet qui fait un cercle jusqu'au milieu des **couvertures** » (ligne 4) **?**

a. Les couvertures des livres
b. Les couvertures posées sur le lit
c. Les couvertures de cahiers

5 **DÉBAT** **D'après toi, pourquoi le narrateur pense-t-il cela :** « Au-delà, l'obscurité de la chambre est plus mystérieuse » (ligne 5) **?**

6 **Relève le titre du livre qui a été choisi, ainsi que les personnages qui apparaissent dans cet ouvrage.**

7 **Classe les lieux suivants selon qu'ils décrivent :**

la chambre	l'île des pirates

en Angleterre • près de la pluie • la mer qui gronde tout près • les volets fermés • une auberge près d'une falaise • une nuit de pleine lune • c'est toujours la tempête là-bas • près de soi, la petite lumière bleue du radio-réveil.

8 **Pourquoi le narrateur a-t-il choisi ce livre ? Relève dans le texte ce qui te permet de répondre.**

9 **DÉBAT** **Que penses-tu de cette affirmation** « … on dort si bien près du danger, et les draps sont si chauds, près de la pluie. C'est bien de se faire peur en lisant… » (ligne 35) **?**

J'écris pour mieux comprendre

10 **Les parents surprennent leur enfant en entrant dans la chambre. Imagine ce qu'il va raconter pour se justifier en une dizaine de lignes.**

Expression orale

▶ Argumenter son choix de lecture

1 J'analyse les documents

Première et quatrième de couverture du roman de Claude Bourgeyx *Le fil à retordre*, paru aux éditions Nathan.

1. De quel document s'agit-il ?
2. Où retrouves-tu les mots du titre ? Pourquoi ?
3. Lis la quatrième de couverture. Relève ce qui captive ton attention et ce qui te déplaît.
4. Que penses-tu des illustrations ? Comment les qualifierais-tu ?
   bizarres • amusantes • inutiles • rassurantes • attirantes
5. À quel genre de roman ce document correspond-il ?

   fantastique historique humoristique policier

2 Je prends la parole pour... donner mes arguments

N'oublie pas !
Parle fort et lentement.
Affirme ton avis.
Sois convaincant !

▶ **Essaie de convaincre la classe de lire ce livre ou de ne pas le lire.**

1. Utilise le résumé et l'illustration pour argumenter ton point de vue.
2. Commence par : *Je vous conseille de lire ce livre car…* ou *Je vous déconseille de lire ce livre parce que…*
3. Utilise le présent de l'indicatif.

Maintenant, je sais

Pour identifier le narrateur

• Je repère si le récit est écrit à la première ou à la troisième personne.

> Le narrateur emploie la **1re personne** « je ». C'est un personnage de l'histoire.

Exemple : Dans la rue, **je** suis le roi ! *(La rentrée des classes)*

> **Le narrateur n'écrit pas à la 1re personne. Il est extérieur au récit.**

Exemple : Dans le clair de lune, **il** découvrit un petit garçon en costume de page. *(Rencontre au clair de lune)*

Pour repérer le temps et le lieu

• Je prélève les informations présentes dans le texte.

Exemple : On a juste gardé la lumière de **la petite lampe de chevet** qui fait un cercle jusqu'**au milieu des couvertures**. → Le personnage est dans son lit.

• J'établis des liens entre différentes informations du texte pour en déduire de nouvelles.

Exemple : l'avocatier, le corossolier, notre case, madame Soufrière...
→ J'en déduis que l'histoire se déroule en Guadeloupe. *(Déracinement)*

Pour identifier et caractériser les personnages

• Je repère les mots qui les désignent (noms, GN, pronoms personnels).

Exemple : Maman/Man Titine – Papa/Pa Zidore *(Déracinement)*

• Je les caractérise, j'identifie leurs émotions.

Exemple : L'enfant baissa les yeux **l'air désemparé**. *(Rencontre au clair de lune)*

• Je distingue les personnages évoqués des personnages présents dans le récit.

Pour comprendre la logique d'enchaînement des actions

• Je cherche les liens qui existent entre les différents événements.

Exemple : Le garçon aime se rendre à l'école **parce que** dans la rue il fait ce qu'il veut, il est le roi. *(La rentrée des classes)*

2

Découvrir des situations de communication

Dans ce chapitre, tu vas apprendre à :

- Identifier **les éléments d'une situation de communication** dans différents types de dialogues : **qui parle à qui, où et quand ?**
- Identifier **pourquoi les personnages communiquent** : **les enjeux de la situation de communication**.
- Reconnaître **les émotions exprimées** par la ponctuation.

Tu pourras ensuite :

Lire à voix haute de manière expressive.

Écrire la suite d'un dialogue.

1 L'homme de paille

L. Franck Baum, adapté par D. Chauvel et E. Fernandez, *Le magicien d'Oz*, vol. 1, Delcourt Jeunesse, 2005.

Je découvre le texte

1 **De quel genre de texte s'agit-il ?**
a. un conte b. une bande dessinée c. un manga d. une pièce de théâtre

2 **Quels sont les personnages de cet extrait ?**

3 **Dans quel pays cette histoire se déroule-t-elle ? Justifie ta réponse.**

Je comprends le texte et j'explore le vocabulaire

4 VOCABULAIRE **À quoi sert un épouvantail ?**
Indique le radical du mot *épouvantail*.

5 **Pourquoi l'épouvantail remercie-t-il la fillette ?**
a. Parce qu'elle l'a aidé à renverser un piquet.
b. Parce qu'elle lui fait faire de la gymnastique.
c. Parce qu'elle l'a aidé à descendre de son piquet.
d. Parce qu'elle l'a aidé à replanter son piquet.

6 DÉBAT **La fillette et l'épouvantail se connaissaient-ils déjà ?**
Justifie ta réponse.

7 VOCABULAIRE **À l'aide du dictionnaire, choisis le sens du mot *cité* (vignette 5) qui convient ici, puis propose deux mots de la même famille.**

8 DÉBAT **D'après toi, qui est le Grand Oz (vignette 5) ?**

9 **Observe les illustrations, puis explique le changement de vue entre la vignette 8 et la vignette 9.**

10 **À la vignette 9, qui parle ? Justifie ta réponse au moyen de deux éléments des bulles.**

11 **Pourquoi la fillette et l'épouvantail décident-ils de faire route ensemble ?**
Quel est le but du voyage de chaque personnage ?

12 **L'épouvantail trouve des avantages et des inconvénients à avoir un corps en paille.**
Lesquels ?

13 DÉBAT **Choisis les adjectifs qui, selon toi, caractérisent l'épouvantail. Justifie ta réponse.**
bavard • fragile • fort • orgueilleux • fier • serviable • courageux • effrayant • stupide

14 DÉBAT **Selon toi, l'épouvantail a-t-il besoin qu'on lui donne un cerveau ?**

J'écris pour mieux comprendre

15 Il n'y a qu'une seule chose qui puisse me faire peur…
… C'est une allumette enflammée !! (vignette 9)

Rédige en une dizaine de lignes la suite de cette discussion entre les deux personnages.

5 Ho ! L'auteur !

Mathias, courbé depuis l'aube, coupe avec habileté l'herbe odorante avec sa serpette[1]. Son père, sa mère, Annette et Marie, ses sœurs, travaillent avec lui. Tout le village est dans les champs pour la fenaison[2]. Il faut aller vite avant que l'orage qui menace inonde la prairie.

La chaleur est torride. Les gosiers sont secs. De temps en temps, Mathias se redresse, s'étire, évalue l'étendue qu'il reste à faucher puis échange quelques mots avec son voisin, le François de la forêt de Cruÿe, un grand gaillard maigre, toujours prêt à rire.

– Je crois bien que je suis en train de fondre. Les vieux disent qu'ils ont jamais vu un été aussi chaud ! dit François.

– Et on n'est qu'à la fin juin, qu'est-ce que ce sera en août !

– Ah, le seigneur de Hautségure a bien de la chance d'être au frais dans son château !

– Hé ! vous deux ! Au travail ! Vous avez pris du retard ! vous n'êtes plus en ligne ! Vous allez tâter de ma trique[3] ! hurle un homme rougeaud en s'avançant vers eux une baguette à la main.

Mathias et François s'activent pour récupérer la cadence. Ils fauchent de longues heures en silence sous le soleil, s'arrêtant de courts instants pour boire ou s'éponger le front et le cou.

1. Petit outil recourbé servant à couper des herbes.
2. Action de couper les foins.
3. Prendre des coups de bâton.

– J'ai envie de quelque chose de frais, murmure Mathias.

– Tu veux un peu d'eau ? demande François.

– Non, non, c'est pas à toi que je parle.

– Si tu parles tout seul, ça devient grave…

– Je ne parle pas tout seul et je répète plus fort : J'ai envie de quelque chose de frais… Oh ! tu m'entends, l'auteur ?

– Qui c'est « l'auteur » ?

– T'occupe, c'est une histoire entre elle et moi, je t'expliquerai une autre fois, Ho ! l'auteur ! Écoute-moi pour une fois !

Mathias a lâché sa serpette. Debout, campé sur ses deux pieds, il semble invectiver[4] le ciel :

– Je ne ferai pas un geste de plus ! Je veux quelque chose de frais… comme ce que tu manges et qui a l'air fameusement bon.

– C'est à moi que tu t'adresses ?

– Évidemment ! L'auteur, c'est toi, non ?

– Oui, mais d'habitude, les héros n'interpellent pas leur auteur, ils se contentent de vivre des aventures imaginaires et…

– Eh bien, ça va changer ! Fini le bon temps où l'auteur écrivait ce qu'il voulait, j'ai décidé de prendre mon destin en main et pour commencer, j'ai trop chaud et ce que tu manges paraît rafraîchissant. J'en veux.

– Une glace au chocolat ? Impossible !

– Pourquoi ?

– Parce que tu vis au Moyen Âge et que ni la conservation de la glace ni le chocolat ne sont inventés.

– Tu en manges bien une, toi !

– Moi, c'est différent ! Je vis au xxe siècle !

– Au xxe siècle ? Sacrebleu ! Mais c'est la fin du monde !

– Non, non, la Terre continue de tourner, seulement, depuis ton époque, il y a eu beaucoup de découvertes et…

– C'est pas juste ! Je veux une glace au chocolat, comme toi !

– Ça suffit, Mathias, je ne peux pas écrire si tu m'interromps sans cesse… où en étais-tu ?

– Tu le sais parfaitement, je suis dans ce pré en train de couper le foin et la chaleur est intenable !

Anne-Marie Desplat-Duc, *Un héros pas comme les autres*, © Flammarion, 2000.

4. Lancer des injures.

Je découvre le texte

1 **Relève tous les personnages qui parlent et identifie-les.**

2 **Selon toi, qui est Mathias ? Justifie ta réponse.**
a. un adulte **b.** un jeune garçon **c.** un enfant **d.** un vieillard

Je comprends le texte et j'explore le vocabulaire

3 **Où se trouvent les personnages ?**

4 **À quelle époque se déroulent les actions ?**

5 DÉBAT **Explique pourquoi certaines répliques sont écrites en italique.**

6 VOCABULAIRE « Les gosiers sont secs » (ligne 7). **Explique le sens de cette expression.**

7 **Qui prononce ces paroles ?**
a. « Et on n'est qu'à la fin juin, qu'est-ce que ce sera en août ! » (ligne 16)
b. « Hé ! Vous deux ! Au travail ! » (ligne 20)
c. « Si tu parles tout seul, ça devient grave… » (ligne 31)
d. « Une glace au chocolat ? Impossible ! » (ligne 53)

8 **Pourquoi l'auteur ne donne-t-elle pas de glace au chocolat à Mathias ?**

9 **Choisis le résumé qui correspond à l'histoire.**

a Mathias travaille dans un champ avec sa famille, mais il décide de se révolter contre son seigneur. Il crie vers le château, en hauteur, mais c'est un écrivain qui lui répond.

b Mathias coupe le foin dans un champ au Moyen Âge, mais il prend du retard et est battu par un homme. Il perd connaissance et rêve qu'il voyage dans le temps.

c Au milieu d'une histoire, un auteur de roman discute avec son personnage principal, un héros du Moyen Âge, qui veut décider lui-même de son destin.

10 **Associe chaque phrase à l'émotion qu'elle exprime.**

envie — rébellion — agacement — stupéfaction

a. « Je ne ferai pas un geste de plus ! » (ligne 41)
b. « Évidemment ! L'auteur, c'est toi, non ? » (ligne 45)
c. « Sacrebleu ! Mais c'est la fin du monde ! » (ligne 59)
d. « Je veux une glace au chocolat, comme toi ! » (ligne 62)

11 **D'après toi pourquoi François pose-t-il cette question :** « Qui c'est « l'auteur » ? » (ligne 35) **?**

12 DÉBAT **À ton avis, que va expliquer Mathias à François :** « T'occupe, c'est une histoire entre elle et moi, je t'expliquerai une autre fois » (ligne 36) **?**

J'écris pour mieux comprendre

13 **Imagine que Mathias réclame une autre chose impossible à l'auteur.**
Rédige un dialogue d'une dizaine de lignes en commençant par :
– Je ne ferai pas un geste de plus ! Je veux quelque chose de… comme ce que tu…

Expression orale

▶ Lire à voix haute de manière expressive

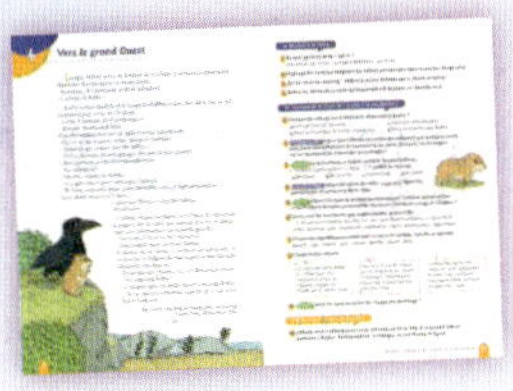

Après la lecture du texte
Vers le grand Ouest
> pages 32-33

1 J'analyse les documents

1. Relis bien cet extrait du texte de la page 32 (ligne 7 à 20).

– Calme là-dessous, dit-il prudemment.
– Mmmm, murmura Bubber.
Il cueillit au hasard un peu de trèfle et se mit à en mâchonner.
– Qu'est-ce qui se passe en bas ? demanda Corbeau.
– Qu'est-ce que tu veux dire ? fit Bubber.
– Il n'y a personne dans les parages. Où sont-ils tous passés ?
– Ils s'apprêtent, dit Bubber tranquillement.
– Ils s'apprêtent ?
– Mmmm, commenta Bubber.
– Ils s'apprêtent à quoi ? interrogea Corbeau.
– Eh bien, c'est notre heure, répondit Bubber avec un léger gloussement. Nous allons partir vers l'Ouest.
– Partir vers l'Ouest ? s'enquit Corbeau.
– Exactement.

Alan Arkin, trad. Roland Dalouya, *Moi, un lemming*,

2. Dans cet extrait, combien de personnages participent au dialogue ?
3. Relève les verbes de discours et la ponctuation qui leur est associée.
4. Relève les paroles que Bubber dit le moins fort. Justifie ta réponse.
5. Relève l'adverbe qui indique comment Corbeau s'exprime dans ses premières paroles.
6. Relève l'autre adverbe qui donne une indication d'expression quand Bubber parle.

2 Je prends la parole pour… *lire à voix haute de manière expressive*

▶ **Lis le dialogue à haute voix en mettant le ton pour chaque personnage.**

1. Imagine la scène et l'attitude des personnages.
2. Respecte les phrases interrogatives et les verbes d'expression.
3. Change de voix selon le personnage.

N'oublie pas !
Prépare ta lecture.
Respecte la ponctuation.
Fais varier les intonations.

Maintenant, je sais

Pour repérer les différentes situations de communication

• Je repère des mises en pages particulières.

> **Les guillemets, les tirets, les vignettes et les bulles de bande dessinée, les marques d'un dialogue, l'indication du personnage qui parle avant chaque réplique dans un texte théâtral.**

• Je suis attentif aux verbes synonymes de *dire*, *répondre* et *demander*.

déclarer, expliquer, murmurer – répliquer, riposter – questionner, interroger…

> **Ces verbes traduisent souvent les intentions des personnages ou leurs émotions.**

Pour identifier les éléments de la situation de communication

• Je repère qui parle et à qui.

> **Dans un dialogue : plusieurs personnages parlent ensemble. On utilise les pronoms personnels de la 1re et 2e personne :**

émetteur du message	destinataire
je / nous	*tu / vous*

Exemple : C'est à **moi** que **tu** t'adresses ? (*Ho ! L'auteur !*)
« moi » désigne l'Auteur, « tu » désigne Mathias.

> **On utilise aussi parfois les pronoms personnels de la 3e personne.**

Exemple : **Ils** s'apprêtent, dit Bubber tranquillement. (*Vers le grand Ouest*)
« Ils » désigne les lemmings, Bubber parle des lemmings à Corbeau.

• Je repère le temps et le lieu.

> **Grâce aux didascalies dans un texte théâtral :**

Exemple : une maison, dans le bois (*En route pour l'école*)

> **Grâce aux illustrations et aux bulles d'une BD :**

Exemple : le ciel bleu du jour dessiné et le Kansas cité dans les bulles (*L'homme de paille*)

> **Grâce aux indications données dans les phrases du dialogue ou par le narrateur :**

Exemple : Et on n'est qu'à la fin juin, qu'est-ce que ce sera en août ! (*Ho ! L'auteur !*)

• Je comprends pourquoi les personnages communiquent.

> **Pour s'associer dans une aventure** (*L'homme de paille*)
> **Pour conseiller ou avertir** (*En route pour l'école*)
> **Pour connaître la vérité** (*L'énigme*)
> **Pour obtenir des informations** (*Vers le grand Ouest*)
> **Pour se révolter** (*Ho ! L'auteur !*)

3

Des textes qui racontent

Dans ce chapitre, tu vas apprendre à :

- Identifier **les actions**.
- Déterminer **le rôle des personnages** dans l'action.
- Repérer **les déplacements** des personnages.
- Identifier **les émotions** des personnages.
- Repérer **l'enchaînement logique des actions** en lien avec **les intentions des personnages**.
- Repérer **l'enchaînement chronologique** des actions.

Tu pourras ensuite :

Raconter une histoire à partir d'une photographie.

Écrire un récit palpitant.

Maintenant, je sais

Pour comprendre ce qui est raconté

• Je distingue les personnages présents ou évoqués.

Exemple : **Courrier-Rapide**, **Persil**, **Mme Lehmann** sont des personnages évoqués, le narrateur et **Mlle Fiedelbogen** sont des personnages présents *(Premier roman)*.

• Je repère leurs déplacements.

Exemple : Les invités **quittent leur tente** et montent dans le car **direction la salle « Jupiter »**. *(En direct de Kourou)*

• Je repère leurs actions.

Exemple : Le géant arriva dans les champs du Fermier Gilles, **défonça** les haies, **piétina** les blés... *(Un géant dans la campagne)*

• Je repère la façon dont les actions s'enchaînent.

> **Chronologiquement : je peux utiliser les connecteurs *d'abord*, *puis*, *ensuite*...**

Exemple : **D'abord**, le roi et la reine vont voir l'Oracle qui leur prédit de gros ennuis avec leur fils. **Puis** ils l'abandonnent sur la colline. *(Sur les traces d'Œdipe)*

> **Logiquement : je peux utiliser les conjonctions *car*, *donc*, *parce que*...**

Exemple : Le narrateur enveloppe ses pantoufles avec précaution **car** il ne veut pas qu'elles se transforment à nouveau en monstre. *(La chose)*

> **Ces enchaînements sont directement en lien avec les intentions des personnages.**

Exemples : Garm **a peur** du géant **donc** il **va réveiller** son maître. *(Un géant dans la campagne)*

Le narrateur **veut voir le monstre** caché sous son lit **alors** il **allume la lumière** puis il saute au pied du lit. *(La chose)*

4

Des textes qui décrivent

Dans ce chapitre, tu vas apprendre à :

- Repérer **les caractéristiques des textes qui décrivent**.
- Identifier **des descriptions de personnages et de lieux**.
- Comprendre **l'organisation d'un texte descriptif**.
- Repérer **les mots qui apportent des précisions** : adjectifs qualificatifs, comparaisons…

Tu pourras ensuite :

- **Décrire une œuvre d'art.**
- **Écrire la description d'un paysage.**

2 Le soldat et la danseuse

Il y avait une fois vingt-cinq soldats de plomb, tous frères, car ils étaient nés d'une vieille cuiller de plomb. L'arme au bras, l'œil fixe, l'uniforme rouge et bleu, quelle fière mine ils avaient tous ! La première chose qu'ils entendirent en ce monde, quand fut enlevé le couvercle de la boîte qui les renfermait, ce fut ce cri : « Des soldats de plomb ! » que poussait un petit garçon en battant des mains. On les lui avait donnés en cadeau pour sa fête, et il s'amusait à les ranger sur la table. Tous les soldats se ressemblaient parfaitement, à l'exception d'un seul, qui n'avait qu'une jambe : on l'avait jeté dans le moule le dernier, et il ne restait pas assez de plomb. Cependant il se tenait aussi ferme sur cette jambe que les autres sur deux, et c'est lui précisément qu'il nous importe de connaître.

Sur la table où étaient rangés nos soldats, il se trouvait beaucoup d'autres joujoux ; mais ce qu'il y avait de plus curieux, c'était un charmant château de papier. À travers les petites fenêtres, on pouvait voir jusque dans les salons. Au dehors se dressaient de petits arbres autour d'un petit miroir imitant un petit lac ; des cygnes en cire y nageaient et s'y réflétaient. Tout cela était bien gentil ; mais ce qu'il y avait de bien plus gentil encore, c'était une petite demoiselle debout à la porte ouverte du château. Elle aussi était de papier ; mais elle portait un jupon de linon[1] transparent et très léger, et au-dessus de l'épaule, en guise d'écharpe, un petit ruban bleu, étroit, au milieu duquel étincelait une paillette aussi grande que sa figure. La petite demoiselle tenait ses deux bras étendus, car c'était une danseuse, et elle levait une jambe si haut dans l'air, que le petit soldat de plomb ne put la découvrir, et s'imagina que la demoiselle n'avait comme lui qu'une jambe.

« Voilà une femme qui me conviendrait, pensa-t-il, mais elle est trop grande dame. Elle habite un château, moi une boîte, en compagnie de vingt-quatre camarades, et je n'y trouverais pas même une place pour elle. Cependant il faut que je fasse sa connaissance. » Et, ce disant, il s'étendit derrière une tabatière[2]. Là, il pouvait à son aise regarder l'élégante petite dame, qui toujours se tenait sur une jambe, sans perdre l'équilibre.
Le soir, tous les autres soldats furent remis dans leur boîte, et les gens de la maison allèrent se coucher. Aussitôt les joujoux commencèrent à s'amuser tout seuls : d'abord ils jouèrent à colin-maillard, puis ils se firent la guerre, enfin ils donnèrent un bal.

Hans Christian Andersen, *L'intrépide soldat de plomb*, trad. David Soldi, 1876.

1. Toile fine de lin ou de coton.

2. Petite boîte où l'on range le tabac.

Je découvre le texte

1 **De quel genre de texte s'agit-il ? Justifie ta réponse.**
a. un roman **b.** un journal **c.** un conte **d.** un poème

2 **Relève dans le texte les mots qui désignent le soldat et la danseuse.**

3 **Relève dans le texte les indices qui te permettent de dire où et à quel moment cette scène se déroule.**

Je comprends le texte et j'explore le vocabulaire

4 **Complète ces phrases :**
a. Le petit soldat n'a qu'une jambe car…
b. Le soldat pense que la danseuse lui conviendrait parce que…
c. Les soldats sont tous frères car…
d. Le petit garçon poussa un cri parce que…

5 **Relève les phrases qui décrivent les soldats de plomb (lignes 1 à 15).**

6 **Liste ce que l'on peut voir dans, autour et devant le château.**

7 **Quels éléments le narrateur décrit-il pour nous faire imaginer la danseuse (lignes 20 à 28) ?**

8 **Relis le deuxième paragraphe (lignes 16 à 28). Identifie chaque élément décrit, ainsi que les précisions données sur les tailles et les matières.**

9 **VOCABULAIRE** **Cherche dans le dictionnaire le sens du mot *gentil* qui convient ici :** « Tout cela était bien **gentil** » (ligne 20). **Propose un synonyme de ce mot.**

10 **Relève les verbes du deuxième paragraphe : à quels temps sont-ils conjugués ? Justifie l'emploi de ces temps.**

11 **Relève les verbes lignes 35 à 38, puis justifie l'emploi du passé simple.**

12 **DÉBAT** **Explique le rôle et la place des deux premiers paragraphes dans ce récit. Quels titres pourrait-on leur donner ?**

13 **DÉBAT** **Selon toi, quels sont les éléments du texte qui appartiennent au merveilleux ?**

J'écris pour mieux comprendre

14 « Sur la table où étaient rangés nos soldats, il se trouvait beaucoup d'autres joujoux » (ligne 16)

Rédige en dix lignes la description des autres jouets qui se trouvent sur la table.

3 Des félins

Panthère des neiges

La robe de la panthère des neiges, aussi appelée once, est couleur gris argent, avec des taches sombres ou des rosettes, ce qui lui permet de passer inaperçue dans la neige des montagnes, son habitat naturel. Grâce à ce pelage épais, elle peut résister aux grands froids. Elle se nourrit de moutons, de cerfs et de petits animaux, comme des oiseaux et des lièvres.

La panthère des neiges a des pattes plates et larges, qui l'empêchent de s'enfoncer dans la neige lorsqu'elle part à la recherche d'une proie. Sa longue queue épaisse lui permet de garder son équilibre lorsqu'elle saute de rocher en rocher, en terrain pierreux.

Pumas

Le puma fait partie, avec le lion d'Afrique, des félins sans taches ni rayures. La couleur de sa robe varie selon son habitat américain, qui s'étend des régions très froides du nord aux zones brûlantes du sud. Il vit dans les forêts tropicales, les bois de pins, les marécages et les plaines herbeuses, depuis le niveau de la mer jusqu'aux très hauts sommets : plus de 4 000 m. Le puma chasse une grande variété de grosses proies (cerfs, chevaux, etc) ou des petits animaux comme les lièvres et les porcs-épics.

Le puma est aussi appelé lion de montagne ou couguar en Amérique du Nord. Son corps est long (près de 2 m étiré) et très puissant; ses pattes sont courtes. Il fait facilement des bonds de 9 m de long et grimpe aux arbres jusqu'à près de 5 m de haut, d'où il saute en retombant droit sur ses pattes. Sa longue queue lui sert de balancier quand il poursuit une proie.

Le puma adulte a un pelage uni, mais les petits naissent avec des taches, qui s'effacent à mesure qu'ils grandissent. Dans les régions chaudes, il a une robe jaune ou rousse. Dans les régions froides du Nord, la robe est généralement grise.

Robert Coupe, *Félins*, trad. Marine Bellanger, Discovery Education, Gallimard Jeunesse, 2011.

Je découvre le texte

1 **De quel type d'ouvrage ces textes sont-ils extraits ?**
a. un journal
b. un livre de contes
c. un documentaire
d. un roman

2 **Quelle est la fonction de ces textes ?**
a. Décrire les robes des félins.
b. Raconter des histoires.
c. Informer sur la vie des félins.
d. Décrire les félins.

3 **À quel temps ces textes sont-ils rédigés ? Justifie l'emploi de ce temps.**

Je comprends le texte et j'explore le vocabulaire

Panthère des neiges

4 **VOCABULAIRE** **Cherche dans le dictionnaire le sens du mot *robe* (ligne 1) qui convient dans ce texte.**

5 **DÉBAT** **Explique en quoi la robe de la panthère des neiges est un avantage.**

6 **Relève en les classant les adjectifs qui servent à décrire l'anatomie de la panthère des neiges.**

7 **VOCABULAIRE** **Choisis le sens du mot *rosettes* (ligne 2) qui convient ici :**
a. un nœud formé de boucles
b. un ornement en forme de petite rose
c. un insigne fait d'un ruban roulé
d. un boyau de porc

8 **Trouve un titre à chacune des trois parties du texte.**

lignes 1 à 4 | lignes 5 à 6 | lignes 7 à 10

Pumas

9 **Parmi ces dénominations, choisis celles qui conviennent au puma.**
lion d'Afrique • félin • lion de montagne • panthère • couguar • once

10 **Sur une carte du monde, situe l'habitat des pumas.**

11 **Indique où sont décrits dans le texte :**
a. la robe du puma
b. la forme de son corps
c. son alimentation
d. les lieux où il vit

12 **VOCABULAIRE** **Relève dans le texte les mots désignant des milieux naturels.**

13 **À quoi l'auteur compare-t-il la queue du puma ? Explique cette comparaison.**

14 **DÉBAT** **Explique ce qui différencie ces deux textes d'un récit littéraire.**

J'écris pour mieux comprendre

15 **Rédige une fiche documentaire sur chacun de ces animaux (nom, habitat, apparence, alimentation…).**

Concert aux champs

Regardez les branches,
Comme elles sont blanches.
Il neige des fleurs.
Riant dans la pluie,
Le soleil essuie
Les saules en pleurs,
Et le ciel reflète
Dans la violette
Ses pures couleurs.

La mouche ouvre l'aile,
Et la demoiselle
Aux prunelles d'or,
Au corset de guêpe,
Dépliant son crêpe,
A repris l'essor[1].
L'eau gaîment babille,
Le goujon frétille :
Un printemps encore.

Théophile Gautier, *Poésies*, 1830.

1. S'envole.

La plaine, les vallons plus loin...

La plaine, les vallons plus loin,
Les bois, les fleurs des champs,

Les chemins, les villages,
Les blés, les betteraves,

Le chant du merle et du coucou,
L'air chaud, les herbes, les tracteurs,

Les ramiers[2] sur un bois,
Les perdrix, la luzerne,

L'allée des arbres sur la route,
La charrette immobile,

L'horizon, tout cela
Comme au creux de la main.

Guillevic, *Avec*, © Éditions Gallimard.

2. Les pigeons.

Je découvre le texte

1 De quel genre de textes s'agit-il ? Justifie ta réponse.

2 Quels sont les auteurs de chacun des textes ? Cherche leurs dates de naissance et de décès.

3 Relève dans chaque texte les indices qui te permettent de situer où et quand chaque scène se déroule.

Je comprends le texte et j'explore le vocabulaire

Concert aux champs

4 **VOCABULAIRE** Cherche dans le dictionnaire le sens des mots *demoiselle* et *prunelle* qui convient ici : « Et la demoiselle / Aux prunelles d'or » (vers 11 et 12).

5 Le crêpe est un tissu très léger. Que représente-t-il ?

a. la jupe de la demoiselle
b. les ailes de la demoiselle
c. un filet à papillons
d. les pattes de la demoiselle

6 **VOCABULAIRE** Les trois expressions « Il neige des fleurs » (vers 3) ; « les saules en pleurs » (vers 6) ; « au corset de guêpe » (vers 13). sont-elles utilisées au sens propre ? Explique leur utilisation.

7 **DÉBAT** Justifie le choix du titre par le poète.

La plaine, les vallons plus loin…

8 Ce poème pourrait être comparé à :
une liste • une recette • une règle du jeu
Justifie ta proposition.

9 **DÉBAT** Comment comprends-tu ce vers :
« Comme au creux de la main. » (vers 12) ?

10 Dans les deux poèmes, relève les éléments cités et classe-les en trois catégories :

animaux — végétaux — autres éléments

11 **DÉBAT** Pourquoi ces poèmes sont-ils réunis ici ?

12 **DÉBAT** Quel poème préfères-tu ? Argumente précisément ton choix.

J'écris pour mieux comprendre

13 Ajoute quatre vers au poème *La plaine, les vallons plus loin…* de Guillevic.

Maintenant, je sais

Pour comprendre une description

• Je repère ce qui est décrit.

> **Un personnage :** la danseuse, le soldat de plomb…
> **Un animal ou une plante :** la panthère des neiges, le cèdre
> **Un paysage ou un lieu :** la montagne Sainte-Victoire, la plaine

• Je repère les mots qui apportent des précisions.

> **Les adjectifs qualificatifs.**

Exemple : La panthère des neiges a des pattes **plates** et **larges**.

> **Les groupes nominaux qui ont la fonction de « complément du nom ».**

Exemple : un charmant château **de papier**

> **Les comparaisons introduites par les mots *comme, pareil à, tel*…**

Exemple : … le ciel bleu qui semblait si bienveillant et si proche **comme une prodigieuse coupole**.

• Je repère l'organisation du texte.

> **Une vue d'ensemble puis une description plus détaillée des éléments qui composent la scène ou le paysage décrit.**

Exemple : sur la table, un château et son parc puis l'intérieur du château, et enfin le personnage situé devant (*Le soldat et la danseuse*)

> **Une description scientifique qui décrit le corps d'un animal, son mode et lieu de vie…** *(Panthère des neiges)*

• Je fais la différence entre une description documentaire ou scientifique et une description littéraire ou imagée.

> **Un texte documentaire décrit les lieux, les personnes, les faits comme on les voit, de manière la plus objective possible. C'est un texte qui reste fidèle à la réalité.** *(Des Félins)*

> **Un texte littéraire décrit les lieux, les personnes, les faits comme on les perçoit, comme on les ressent, en fonction de ce qu'ils évoquent chez l'auteur. C'est un texte qui interprète la réalité.** *(Crépuscule)*

La description permet au lecteur de se représenter un lieu, un événement ou des personnages imaginaires ou réels.

5

Des textes qui expliquent

Dans ce chapitre, tu vas apprendre à :

- Identifier **un texte** extrait **de la presse**, **d'un documentaire**, **d'une encyclopédie**.
- Repérer **l'organisation d'une page documentaire**.
- Identifier **l'idée essentielle** d'un texte.
- Reconnaître **le vocabulaire spécifique du thème traité**.
- Comprendre **la fonction des illustrations**.

Tu pourras ensuite :

- **Expliquer comment fonctionnent des instruments de musique.**
- **Composer une page documentaire sur le siècle des Lumières.**

Ce que l'on ne sait pas encore sur la Lune...

➜ *GRAIL A* et *GRAIL B* sont 2 sondes spatiales. Des savants américains ont prévu de les envoyer aujourd'hui à 50 km au-dessus de la Lune. Leur mission : découvrir de quoi est fait l'intérieur de cet astre. Sylvestre Maurice, astronome, explique ce que les scientifiques savent et ne savent pas sur la Lune. Et ce qu'ils pensent découvrir avec ces sondes.

Oignon. « La Lune est comme un gros oignon. Elle est composée de plusieurs couches de roches. On sait de quoi la surface est faite, mais on ne connaît pas l'épaisseur exacte de chacune des couches en dessous. Ni quels types de roches s'y trouvent... »

> « La Lune est comme un gros oignon : composée de plusieurs couches de roches »

Création. « Autre question : la Lune a-t-elle un noyau comme la Terre ? Est-il liquide ou pas ? Lorsqu'on aura toutes ces informations, on saura quand et comment la Lune s'est formée. Et comment elle s'est refroidie ensuite. On sera alors sûrs qu'elle s'est formée à partir d'anciens morceaux de la Terre. »

Cratères. « La Lune tourne autour d'elle-même aussi vite qu'autour de la Terre. Résultat : depuis la Terre, on ne voit qu'un seul côté *(lire page 2)*. Ce côté est constitué de montagnes, de cratères et de "mers" (de grandes régions formées par des roches volcaniques). L'autre face est moins connue. On en a fait quelques photographies. Il n'y a pratiquement que des cratères et peu de mers. Nous ne savons pas pourquoi les 2 faces sont si différentes. »

Entretien réalisé par M. Serre

? Combien d'hommes sont allés sur la Lune ?

12, tous des Américains.

LES CHIFFRES

Le long voyage de « GRAIL A » et « GRAIL B »

- Lancées par une fusée, les 2 sondes voyageront 2 mois et demi avant d'arriver sur la Lune.
- Elles parcourront plus de 4 millions de kilomètres !
- Il faudra 2 mois pour qu'elles se positionnent correctement au-dessus de la Lune avant de commencer leur mission.
- Leur mission là-haut durera 82 jours.
- Chaque sonde, de la taille d'une machine à laver, pèse 200 kilos.

Sonde : engin non habité envoyé dans l'espace pour recueillir des informations.
Astre : étoile, planète.
Noyau (ici) : centre d'une planète.
Cratère (ici) : trou à la surface d'une planète.

Mon Quotidien, 8 septembre 2011, n°4458 © playbacpresse.fr.

Je découvre le texte

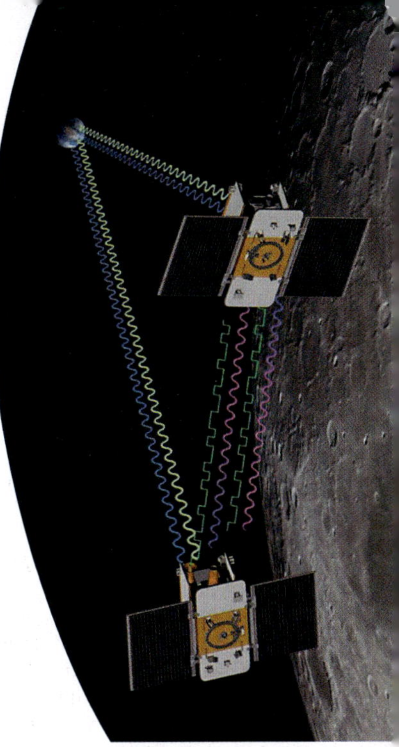

1 **Dans quel type d'ouvrage peut-on trouver ce texte ? Justifie ton choix.**
un documentaire • un roman • un journal • une bande dessinée • un album • un dictionnaire

2 **Quelle est la fonction de cette page ?**
Elle décrit une recette de cuisine. • Elle donne des informations sur la Lune et une expérience scientifique. • Elle raconte une histoire de science-fiction. • Elle donne des consignes.

3 **Relève le titre de l'article.**

4 **Compte le nombre de paragraphes. Comment les as-tu distingués ?**

Je comprends le texte et j'explore le vocabulaire

5 **À quel temps sont conjugués la plupart des verbes de l'article ?**

6 **Relève les verbes qui sont au futur dans le paragraphe « Création ». Pourquoi ce temps est-il utilisé ?**

7 **Pourquoi certains mots sont-ils surlignés en jaune ?**

8 **Identifie le rôle joué par le paragraphe « Les chiffres » placé à droite de l'article.**
a. Il donne des informations supplémentaires.
b. Il propose des jeux.
c. Il donne des définitions.

9 VOCABULAIRE **Cherche dans le dictionnaire les définitions du mot *entretien*. Quelle est celle qui correspond au texte (dernière ligne de l'article) ?**

10 **Quels indices montrent que les paragraphes intitulés « Oignon », « Création » et « Cratères » font partie d'un entretien entre un journaliste et un astronome ?**

11 VOCABULAIRE **Cherche des mots formés à partir du mot *astre*. Tu en trouveras un dans la page.**

12 **À quoi la Lune est-elle comparée ? Pourquoi ?**

13 **Relève les phrases qui rappellent ce que l'on ne sait pas sur la Lune.**

14 DÉBAT **D'après toi, le titre de l'article est-il bien choisi ? Quel autre titre pourrais-tu proposer pour l'article ?**

J'écris pour mieux comprendre

15 **Écris un court texte sur ce que les scientifiques cherchent à savoir sur la Lune. Commence par donner un titre.**

2 La guerre 1914-1918 : la Grande Guerre

Première guerre mondiale

fév.-déc. 1916, bataille de Verdun, 500 000 morts

3 août 1914
Déclaration de guerre de l'Allemagne à la France

2 avril 1917
Entrée en guerre des États-Unis

11 novembre 1918
Fin de la guerre. 10 millions de morts et des millions de blessés

Sentinelle près de Verdun, sept. 1916.

1 Le déclenchement de la Première Guerre

Les rivalités qui opposent les pays d'Europe depuis la fin du XIXe siècle ont abouti à la formation de deux camps : d'un côté, la France, la Russie et le Royaume-Uni; de l'autre, l'Allemagne, l'Autriche-Hongrie et l'Italie. Ce système d'alliances implique le soutien mutuel des pays alliés en cas de conflit.

La guerre éclate après l'assassinat de l'héritier d'Autriche-Hongrie, François Ferdinand, à Sarajevo, le 28 juin 1914. Le 3 août, l'Allemagne, allié de l'Autriche, déclare la guerre à la France.

Dictionnaire Larousse Junior 7-11 ans © Larousse.

2 Une guerre sur tous les fronts

En 1914, les rivalités entre les pays européens aboutissent à une guerre d'une ampleur jamais connue dans les siècles passés.

On se bat sur terre, sur mer et, pour la première fois, dans les airs. Des avions permettent de lâcher des bombes sur les ennemis. Des armes redoutables apparaissent : des gaz empoisonnés, des chars d'assaut, des mitrailleuses… Mais aucun camp ne parvient à dominer l'autre. Les fronts s'immobilisent et les combattants s'enterrent dans des tranchées entourées de fils barbelés. Leurs souffrances sont atroces. Chaque assaut est inutile, faisant des centaines de morts et de blessés.

L'encyclopédie Dokéo+ 9/12 ans © Nathan.

3 Une guerre destructrice

La guerre qui commence en 1914 est la première où sont impliqués de nombreux pays. Les combats se déroulent en Belgique et en France sur un front continu de 800 km. De très durs combats se déroulent aussi en Russie, en Italie et dans les Balkans. Les soldats ennemis restent face à face pendant des mois dans des fossés qu'ils creusent dans la terre : les tranchées.

Entre 1914 et 1918, plus de neuf millions d'hommes sont tués et six millions sont mutilés.

L'Histoire, Encyclopédie Larousse 6/9 ans © Larousse.

Je découvre le texte

1 **Dans cette page 76, tu peux découvrir :**
des textes • une photographie • une frise chronologique • un dessin • un schéma

2 **Dans quel type de livre peux-tu trouver ces documents ? Justifie ta réponse.**

3 **Quelle est la fonction de ces textes ?**
a. Ils expliquent des événements passés.
b. Ils racontent une histoire imaginaire.
c. Ils donnent des conseils et des définitions.

4 **À quoi sert la frise historique ?**
a. Elle sert à décorer la page.
b. Elle place les événements dans le temps.
c. Elle apporte des informations supplémentaires.

La vie quotidienne des soldats de l'armée française dans les tranchées.

Je comprends le texte et j'explore le vocabulaire

5 **À quel temps sont conjugués la plupart des verbes des trois textes ?**

6 **Relève les pays concernés par cette guerre et situe-les sur une carte du monde.**

7 **Relève dans le texte 1 la phrase indiquant l'événement qui va être le déclencheur de la guerre.**

8 **Où les combats se déroulent-ils ? Justifie ta réponse avec des phrases du texte 2.**

9 **VOCABULAIRE** **Cherche dans les textes la phrase qui donne la définition du mot *tranchées*.**

10 **Observe la photographie de la page 76. Identifie le texte qu'elle illustre. Justifie ton choix.**

11 **VOCABULAIRE** **Cherche dans le dictionnaire la définition du mot *mutilé* (texte 3, l. 15).**

12 **Relève tous les chiffres indiqués dans le texte 3. À quoi correspondent-ils ?**

13 **Les documents proposent beaucoup de chiffres : quel rôle jouent-ils ?**
Ils indiquent la quantité impressionnante de victimes. • Ils attristent. • Ils expliquent le nom de « Grande Guerre ». • Ils font travailler les mathématiques.

14 **DÉBAT** **Indique les points communs et les différences entre les trois textes.**

J'écris pour mieux comprendre

15 **En quelques lignes, explique pourquoi la Première Guerre mondiale est appelée « la Grande Guerre ».**

texte intégral

SCIENCE

La gravité

La gravité est la force qui fait que deux objets s'attirent. Sur Terre, nous l'expérimentons comme quelque chose qui nous cloue au sol. Dans l'espace, c'est par l'action de la gravité que les planètes restent en orbite autour des étoiles.

Poids et masse Le pèse-personne mesure la force d'attraction exercée par la gravité terrestre sur le corps. Plus la masse corporelle est importante, plus la force d'attraction s'exerçant sur le corps est grande, et plus le poids qui s'affiche est élevé.

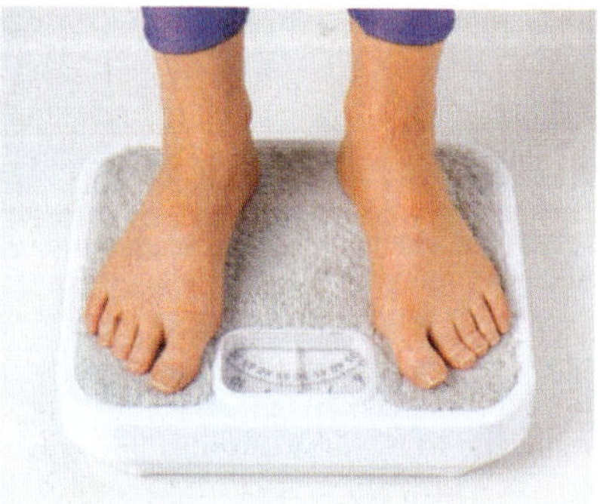

FORT OU FAIBLE ?

La gravité, bien qu'impressionnante, est la plus faible de toutes les forces connues. Il faut des objets de la taille d'un astre pour qu'elle produise un effet notable. La gravité du Soleil est assez puissante pour maintenir toutes les planètes du Système solaire en orbite.

LA GRAVITÉ À L'ŒUVRE

Rien de tel que le parachutisme pour bien réaliser l'effet de la gravité. À peine est-on sorti de l'avion qu'on est aspiré vers le sol sous l'effet de la gravité. Dans le même temps, le frottement de l'air contre le corps s'oppose à cette force. Finalement, les deux forces s'équilibrent et l'accélération est stoppée. La « vitesse terminale de chute » est alors atteinte.

Selon la légende, Galilée aurait laissé tomber des balles de différents poids du haut de la tour de Pise pour montrer qu'elles touchent le sol en même temps.

Galilée et la gravité

Le premier savant à avoir sérieusement étudié la gravité est l'Italien Galilée (1564-1642). Il fit plusieurs expériences et en conclut qu'en l'absence de résistance de l'air, tous les objets qui tombent sont soumis à une accélération égale. C'est la résistance de l'air qui fait que certains objets tombent moins vite que d'autres.

▲ LA VITESSE TERMINALE DE CHUTE *La vitesse maximale atteinte en saut en chute libre avant ouverture du parachute est d'environ 200 km/h. Le fait d'ouvrir le parachute ralentit la chute en augmentant la résistance de l'air.*

NEWTON

▼ UN GÉNIE SCIENTIFIQUE *Isaac Newton fut le premier à réaliser que c'est à la force de gravité que la Lune doit de rester en orbite autour de la Terre.*

◂ LA POMME *Selon la légende, Newton aurait eu la révélation de l'attraction terrestre en voyant une pomme tomber de l'arbre. Il démontra que la force qui fait que le fruit est attiré vers le sol est la même que celle qui maintient la Lune en orbite.*

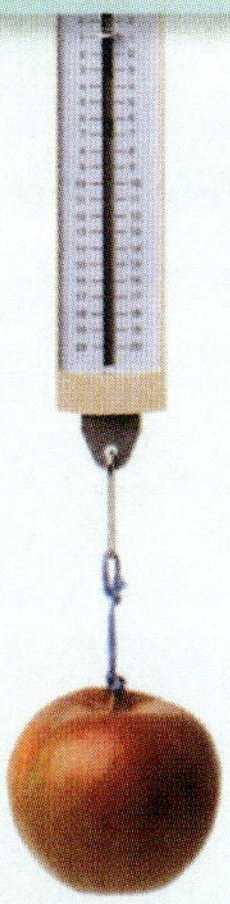

EINSTEIN

▼ LE FACTEUR DE DISTORSION *Albert Einstein proposa une théorie de la gravité selon laquelle les masses importantes, tels les astres, distordent l'espace-temps comme une balle lourde posée sur une feuille en caoutchouc.*

La déformation crée la force de gravité.

▼ UN SUCCÈS RELATIF *La théorie d'Einstein, formulée en 1916, est confirmée des années plus tard par des astronomes ayant observé que la lumière d'une étoile distante change de cap au passage du Soleil.*

Le centre de gravité La gravité tire les objets vers le bas par un point appelé centre de gravité. Si son centre de gravité est trop haut ou que la ligne verticale passant par lui sort de la base, l'objet bascule. Les véhicules tout-terrain ont un centre de gravité bas pour pouvoir rouler en dénivelé.

L'apesanteur En vol dans l'espace interplanétaire, les astronautes semblent flotter à l'intérieur de la cabine. Cet effet, dit d'apesanteur, qui se caractérise par l'absence de contact, provient du fait que navette et astronautes vont à la même vitesse, l'engin suivant la trajectoire qu'emprunterait un objet en chute libre.

DES EXPLOSIONS D'ÉTOILES

L'énergie des étoiles provient de réactions nucléaires. Dans le noyau du Soleil, les atomes d'hydrogène, en se combinant pour former de l'hélium, génèrent une chaleur extrême. Si l'hydrogène venait à manquer, le noyau imploserait. Chez les grosses étoiles, l'implosion du noyau peut libérer assez d'énergie pour créer une supernova, avec dispersion alentour des parties externes de l'astre.

235

La Grande Encyclopédie, © Gallimard Jeunesse, 2010, © Dorling Kindersley Ltd, 2009.

Maintenant, je sais

Pour comprendre un texte documentaire

• Je repère l'organisation du texte documentaire.

> **Le titre du document qui donne le thème traité.**
Exemple : La guerre 1914-1918 : la Grande Guerre

> **Le titre des paragraphes.**
Exemple : Cratères

> **La présence d'illustrations : photos, schémas, frise chronologique...**

• Mon regard circule dans la page selon l'information recherchée.

> **Je ne lis pas forcément le document dans l'ordre habituel, de gauche à droite et du haut vers le bas.**

• J'identifie l'idée essentielle.

Exemple : La gravité est la force qui fait que deux objets s'attirent.

• Je sais qu'il n'y a pas de narrateur à identifier.

• Je m'appuie sur les photos ou les dessins qui représentent le réel.

• Je reconnais le vocabulaire spécifique du thème traité.

Exemples : gravité – orbite – apesanteur...

Les textes documentaires permettent de se documenter sur des sujets précis en donnant des explications sous forme de textes et d'illustrations.

6

Lire des poèmes

Dans ce chapitre, tu vas apprendre à :

- Identifier **les spécificités du texte poétique**.
- Enrichir tes connaissances sur **les poètes, les œuvres du patrimoine**.
- Reconnaître **différentes façons de jouer avec les mots**.
- Lire **un récit poétique : la fable**.
- Comprendre des textes poétiques et **utiliser le vocabulaire** approprié **pour en parler**.
- **Mémoriser des poésies**.
- Exprimer **des émotions et des sensations**.

Tu pourras ensuite :

Dire des poèmes de façon expressive.

Écrire un poème à la manière du poète Raymond Queneau.

1

Orthographe

Avec une bonne orthographe
on peut devenir géographe
lexicographe
ethnographe
paléographe
ou océanographe ...
« Et alors pourquoi pas girafe ? »
dit sans rire
la girafe qui ne sait pas lire.

Jean-François Mathé, *Poèmes poids plume*, Le dé bleu.

Odile

Odile rêve au bord de l'île
Lorsqu'un crocodile surgit.
Odile a peur du crocodile
Et pour éviter un « ci-gît »
Le crocodile croque Odile.

Caï raconte ce roman
Mais peut-être Caï l'invente
Odile est peut-être vivante
Et je crois bien que Caï ment.

Un autre ami d'Odile, Aligue,
Pour qu'on répande cette mort,
Se démène, paye et intrigue.
Moi, je trouve qu'Aligue a tort.

Jean Cocteau, *Le Potomack*, Stock.

Je découvre le texte

1 Qui a écrit ces poèmes ? Recherche des informations sur ces poètes.

2 Nomme les différents personnages du poème de Jean Cocteau.

3 Que remarques-tu dans les mots utilisés par Jean-François Mathé ?

Je comprends le texte et j'explore le vocabulaire

4 Que raconte le poème *Odile* ? Donne un titre à chaque strophe.

5 **VOCABULAIRE** Que signifie l'expression *ci-gît* (*Odile*, vers 4) ? Que veut dire l'auteur dans ce vers ?

a. ici est enterré **b.** ici surgit **c.** ici habite **d.** ici repose

6 Quels animaux pourraient se cacher derrière les personnages de *Caï* et *Aligue* ? Justifie ta réponse. Pourquoi l'auteur a-t-il appelé son personnage principal *Odile* ?

7 Comment l'auteur a-t-il construit ce jeu de mot ? : « Aligue a tort » (*Odile*, vers 13) ? Trouve un autre exemple dans ce poème.

8 **VOCABULAIRE** Quels verbes sont synonymes du verbe *répandre* (*Odile*, vers 11) :

semer • ramasser • propager • publier • dire • étaler • dissimuler

9 **VOCABULAIRE** Aide-toi du dictionnaire pour retrouver le sens de chacun des mots contenant le suffixe « -graphe » dans le poème de Jean-François Mathé.

10 **DÉBAT** Jean-François Mathé écrit : « Et alors pourquoi pas girafe ? » (vers 7). Peux-tu répondre à cette question ?

11 **DÉBAT** Pourquoi ces deux poèmes sont-ils réunis sur cette page ? Que font les poètes avec les mots ?

J'écris pour mieux comprendre

12 « Moi, je trouve qu'Aligue a tort. » (vers 13)

Écris un vers à la manière de Jean Cocteau en utilisant d'autres noms d'animaux qui fonctionnent de la même façon (le rat passe, le chat tond…).

Je mets en voix pour mémoriser le texte

13 Récitez tous ensemble les deux premiers vers du poème *Orthographe*. Puis trois élèves répètent *forte* (« intensité forte ») le vers « lexicographe », puis en decrescendo (« de moins en moins fort ») de façon à former un écho. Un autre groupe enchaîne de la même façon avec le vers « ethnographe », un troisième groupe avec le vers « paléographe », puis un quatrième avec le vers « ou océanographe ». Puis un soliste prend la voix de la girafe tandis que le reste du groupe sert de narrateur.

2

Le hareng saur

Il était un grand mur blanc - nu, nu, nu,
Contre le mur une échelle - haute, haute, haute,
Et, par terre, un hareng saur - sec, sec, sec.

Il vient, tenant dans ses mains - sales, sales, sales,
Un marteau lourd, un grand clou - pointu, pointu, pointu,
Un peloton de ficelle - gros, gros, gros.

Alors il monte à l'échelle - haute, haute, haute,
Et plante le clou pointu - toc, toc, toc,
Tout en haut du grand mur blanc - nu, nu, nu.

Il laisse aller le marteau - qui tombe, qui tombe, qui tombe,
Attache au clou la ficelle - longue, longue, longue,
Et, au bout, le hareng saur - sec, sec, sec.

Il redescend de l'échelle - haute, haute, haute,
L'emporte avec le marteau - lourd, lourd, lourd,
Et puis, il s'en va ailleurs - loin, loin, loin.

Et, depuis, le hareng saur - sec, sec, sec,
Au bout de cette ficelle - longue, longue, longue,
Très lentement se balance - toujours, toujours, toujours.

J'ai composé cette histoire - simple, simple, simple,
Pour mettre en fureur les gens - graves, graves, graves,
Et amuser les enfants - petits, petits, petits.

Charles Cros, *Le Coffret de santal*, 1873.

Îles

Îles
Îles
Îles ou l'on ne prendra jamais terre
Îles où l'on ne descendra jamais
Îles couvertes de végétations
Îles tapies comme des jaguars
Îles muettes
Îles immobiles
Îles inoubliables et sans nom
Je lance mes chaussures par-dessus
bord car je voudrais bien aller jusqu'à vous

Blaise Cendrars, *Poésies complètes*, © Éditions Denoël, 1947.

Je découvre le texte

1. **Cherche des informations sur les auteurs des poèmes.**
2. **Quel est le procédé commun aux deux poèmes ?**
   une rime • une répétition • une métaphore
3. **Qui le pronom *je* désigne-t-il dans les deux poèmes ?**
4. **À ton avis, qui est *il* dans le poème de Charles Cros?**

Je comprends le texte et j'explore le vocabulaire

5. **Compare les deux poèmes et relève les éléments qui caractérisent chacun d'eux :**
   strophes • vers • rimes • répétition de mots • utilisation de la ponctuation
6. **VOCABULAIRE Qu'est-ce qu'un *hareng saur* ?**
7. **Écris une phrase pour résumer de quoi parle chacun des poèmes.**
8. **VOCABULAIRE Donne le contraire des deux adjectifs *immobiles*, *inoubliable*, puis explique le sens des vers 8 et 9 du poème de Blaise Cendrars.**
9. **Selon toi, que signifie la comparaison** « Îles tapies comme des jaguars » (*Îles*, vers 6) **?**
10. **DÉBAT Compare les sujets des deux poésies. Selon toi, quel est le poète le plus original ? Justifie ta réponse.**
11. **Relève et classe les groupes de mots, ou les vers, qui évoquent des sensations puis ceux qui évoquent des images dans les deux poèmes.**
12. **Relève les adjectifs qui qualifient chacun des poèmes et justifie ton choix.**
    stupide • original • humoristique • enchanteur • ironique • étonnant • émouvant • astucieux • grave
13. **DÉBAT Quelle est, selon toi, l'intention de chacun des poètes dans ces poèmes ? Quels procédés utilisent-ils pour transmettre leur message ?**

J'écris pour mieux comprendre

14. **Écris un poème à la manière de Blaise Cendrars. Tu décriras au choix : un bois, une maison, des montagnes ou un quartier. N'oublie pas d'utiliser une répétition et d'évoquer des images et des sensations.**

Je mets en voix pour mémoriser le texte

15. **Choisis un poème. Avec tes camarades, trouve différentes façons de dire les répétitions de mots pour exprimer des sentiments ou des sensations. Répartissez-vous les vers et dispersez-vous dans la classe. Puis dites les vers, seul, par deux, à plusieurs, en écho… Faites varier tempo et intensité. Un soliste terminera par** « Je lance mes chaussures… » **ou** « J'ai composé cette histoire … ».

textes intégraux

1 Le corbeau et le renard

Un corbeau, ayant volé un morceau de viande, s'était perché sur un arbre. Un renard l'aperçut, et, voulant se rendre maître de la viande, se posta devant lui et loua ses proportions élégantes et sa beauté, ajoutant que nul n'était mieux fait que lui pour être le roi des oiseaux, et qu'il le serait devenu sûrement, s'il avait de la voix. Le corbeau, voulant lui montrer que la voix non plus ne lui manquait pas, lâcha la viande et poussa de grands cris. Le renard se précipita et, saisissant le morceau, dit : « Ô corbeau, si tu avais aussi du jugement, il ne te manquerait rien pour devenir le roi des oiseaux. »

Cette fable est une leçon pour les sots.

Ésope, *Fables*.

2 Le corbeau et le renard

Maître Corbeau, sur un arbre perché,
Tenait en son bec un fromage.
Maître Renard, par l'odeur alléché,
Lui tint à peu près ce langage :
« Hé ! bonjour ! Monsieur du Corbeau.
Que vous êtes joli ! que vous me semblez beau !
Sans mentir, si votre ramage
Se rapporte à votre plumage,
Vous êtes le phénix des hôtes de ces bois. »
À ces mots le Corbeau ne se sent pas de joie,
Et pour montrer sa belle voix,
Il ouvre un large bec, laisse tomber sa proie.
Le Renard s'en saisit, et dit : « Mon bon Monsieur,
Apprenez que tout flatteur
Vit aux dépens de celui qui l'écoute :
Cette leçon vaut bien un fromage, sans doute ».
Le Corbeau honteux et confus,
Jura, mais un peu tard, qu'on ne l'y prendrait plus.

Jean de la Fontaine, *Fables*.

3 Le renard et le corbeau ou si l'on préfère la (fausse) poire et le (vrai) fromage

Or donc, Maître Corbeau,
Sur son arbre perché, se disait : « Quel dommage
Qu'un fromage aussi beau,
Qu'un aussi beau fromage
Soit plein de vers et sente si mauvais…
Tiens ! voilà le renard : je vais,
Lui qui me prend pour une poire,
Lui jouer, le cher ange, un tour de ma façon.
ça lui servira de leçon ! »
Passons sur les détails, vous connaissez l'histoire :
Le discours que le renard tient,
Le corbeau qui ne répond rien
(Tant il rigole !)
Bref, le fromage dégringole…
Depuis le renard n'est pas bien ;
Il est malade comme un chien.

Jean-Luc Moreau, *Poèmes de la souris verte*, Hachette Jeunesse.

Je découvre le texte

1 **Recherche des informations sur les auteurs de ces poèmes et situe-les sur une frise historique.**

2 **Pourquoi ces trois textes sont-ils réunis ?**

3 **Relève ce qui caractérise chacun des poèmes.**
prose • vers • rimes • morale • langage soutenu • langage familier

Je comprends le texte et j'explore le vocabulaire

4 **Écris un bref résumé pour raconter ce qui se passe dans ces trois poèmes.**

5 **VOCABULAIRE** **Cherche des mots de la famille de *alléché* (texte 2, vers 3) et explique ce terme.**

6 **VOCABULAIRE** **Cherche dans le dictionnaire les mots *ramage* et *phénix* (texte 2, vers 7 et 9).**

7 **Explique la particularité de ces deux vers :** « Qu'un fromage aussi beau / Qu'un aussi beau fromage » (texte 3, vers 3 et 4). **Pourquoi l'auteur utilise-t-il ce procédé ?**

8 **VOCABULAIRE** **Remplace chaque expression écrite en bleu par l'un des verbes proposés.**
a. « … et **loua** ses proportions élégantes… » (texte 1, ligne 5)
b. « Ô corbeau, si tu **avais** aussi **du jugement**… » (texte 1, ligne 12)
c. « Lui qui me **prend pour une poire**…» (texte 3, vers 7)
d. « Il **est malade comme un chien** » (texte 3, vers 16).

réfléchir • vendre • rabaisser • vanter • souffrir • jardiner • juger

9 **Recherche la signification du mot *fable* dans le dictionnaire et associe-le à un ou plusieurs mots suivants. Justifie ton choix.**
chanson • récit • conte • légende • roman • article • conseil • punition • morale • ordre

10 **DÉBAT** **Quel message veut donner chacun des poètes à travers ces poèmes ? Comment s'y prennent-ils ? Justifie tes propos à l'aide de vers, de phrases ou de mots.**

J'écris pour mieux comprendre

11 **Réécris la fable de Jean-Luc Moreau dans un langage soutenu.**

Je mets en voix pour mémoriser le texte

12 **Choisis avec un camarade l'une des trois fables et répartissez-vous les rôles : le corbeau ou le renard, et le narrateur. Chacun récite sa partie en tenant compte de la ponctuation et de la force de certains mots. Le reste de la classe peut accompagner chaque strophe en répétant un mot, un vers qui lui paraît important. L'accompagnement varie au cours de la récitation mais laisse entendre avant tout la voix du soliste.**

Expression orale

▶ Réciter un poème de façon musicale

1 J'analyse les documents

Il pleut

Averse averse averse averse averse
pluie ô pluie ô pluie ! ô pluie ô pluie ô pluie
gouttes d'eau gouttes d'eau gouttes d'eau gouttes d'eau
parapluie ô parapluie ô parapluie ô !
paragouttes d'eau paragouttes d'eau de pluie
capuchons pélerines et imperméables
que la pluie est humide et que l'eau mouille et mouille !
mouille l'eau mouille l'eau mouille l'eau mouille l'eau
et que c'est agréable agréable agréable
d'avoir les pieds mouillés et les cheveux humides
tout humide d'averse et de pluie et de gouttes
d'eau de pluie et d'averse et sans un paragoutte
pour protéger les pieds et les cheveux mouillés
qui ne vont plus friser qui ne vont plus friser
à cause de l'averse à cause de la pluie
à cause de l'averse et des gouttes de pluie
des gouttes d'eau de pluie et des gouttes d'averse
cheveux désarçonnés cheveux sans parapluie

Raymond Queneau, *Les Ziaux*, Gallimard, 1943.

Pluie, bronze de Folon.

1. Lis le poème de Raymond Queneau. Quel est le thème ? Quelles remarques peux-tu faire sur la structure du poème ?
2. Relève les sentiments et les sensations que tu peux ressentir à la lecture de ce poème : malaise • bien-être • soulagement • agacement • amusement • joie • tristesse • chaleur • fraîcheur • humidité • douceur • agressivité • détresse • liberté • contrainte
3. Recherche différentes façons de dire les mots ***averse***, ***ô pluie***, ***gouttes d'eau***,...

2 Je prends la parole pour... réciter un poème de façon musicale

N'oublie pas !
Ta mise en voix doit exprimer tes sensations, tes sentiments.

▶ **Récitez collectivement le poème de Raymond Queneau.**

1. Choisissez la répartition des vers à dire seul, à deux ou en groupe.
2. Introduisez des percussions corporelles (claquements de la langue, frottements des mains, frappés des pieds sur le sol...) suivant l'intensité de la pluie qui tombe.
3. Donnez du rythme au poème en introduisant des silences et en faisant varier le tempo.
4. Pensez à faire varier l'intensité des voix en ajoutant, par exemple, des voix une à une.

Projet d'écriture

1 Je lis

La cigale et la fourmi

La Cigale, ayant chanté
Tout l'Été,
Se trouva fort dépourvue
Quand la Bise fut venue.
Pas un seul petit morceau
De mouche ou de vermisseau.
Elle alla crier famine
Chez la Fourmi sa voisine,
La priant de lui prêter
Quelque grain pour subsister
Jusqu'à la saison nouvelle.
« Je vous paierai, lui dit-elle,
Avant l'Août, foi d'animal,
Intérêt et principal. »
La Fourmi n'est pas prêteuse :
C'est là son moindre défaut.
« Que faisiez-vous au temps chaud ?
Dit-elle à cette emprunteuse.
– Nuit et jour à tout venant
Je chantais, ne vous déplaise.
– Vous chantiez ? j'en suis fort aise :
Eh bien ! dansez maintenant. »

Jean de la Fontaine, *Fables*.

La cimaise et la fraction

La cimaise ayant chaponné
Tout l'éternueur
se tuba fort dépurative
Quand la bixacée fut verdie :
Pas un sexué pétrographique morio
De mouffette ou de verrat.
Elle alla crocher frange
Chez la fraction sa volcanique
La processionnant de lui primer
Quelque gramen pour succomber
Jusqu'à la salanque nucléaire.
« Je vous peinerai, lui discorda-t-elle,
Avant l'apanage, folâtrerie d'Annamite
Interlocutoire et priodonte. »
La fraction n'est pas prévisible :
C'est là son moléculaire défi.
« Que ferriez-vous au tendon cher ?
Discorda-t-elle à cette énarthrose.
– Nuncupation et joyau à tout vendeur,
Je chaponnais, ne vous déploie.
– Vous chaponniez ? J'en suis fort alarmante.
Eh bien ! débagoulez maintenant. »

Raymond Queneau, *Oulipo, La littérature potentielle*, © Gallimard.

Écrire un poème à la manière de Queneau

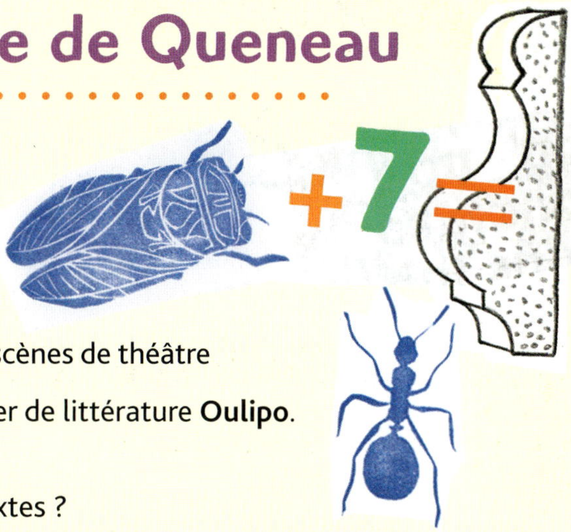

2 Je comprends le texte

1. Quel genre de textes reconnais-tu ?
   des extraits de roman • des contes • des poésies • des scènes de théâtre
2. Raymond Queneau est un poète qui fit partie de l'atelier de littérature **Oulipo**. Recherche des informations sur cet auteur.
3. Quels adjectifs choisirais-tu pour définir chacun des textes ?
   surprenant • poétique • absurde • amusant • triste • difficile • créatif • musical • critique
4. Compare ces deux textes et relève les mots identiques.
5. Quelle est la nature grammaticale des mots qui ont été transformés dans le second texte ?
6. Relève le nom des personnages du premier texte. À quel personnage la cigale correspond-elle dans le second texte ? Retrouve le nom du deuxième personnage.
7. Raymond Queneau a utilisé une méthode qu'il a appelé « S + 7 » pour écrire ce poème. « S » signifie « substantif ». Recherche la signification de ce terme, puis énonce la méthode d'écriture suivie par l'auteur.

3 Maintenant, j'écris... une fable à la façon de Queneau

▶ **Munis-toi d'un dictionnaire et écris à la façon de Raymond Queneau.**

1. En t'inspirant de la méthode de Queneau, invente une autre méthode de réécriture et réécris la fable *La cigale et la fourmi* de Jean de La Fontaine.
2. N'oublie pas de mettre une majuscule au début de chaque vers.
3. Lis la production obtenue à tes camarades et amène-les à découvrir la règle que tu as utilisée. Compare-la avec la poésie de Queneau.

N'oublie pas !

→ Applique de façon très rigoureuse la méthode de réécriture.

→ La méthode choisie doit être suivie du début jusqu'à la fin du poème.

Maintenant, je sais

Pour identifier les spécificités du texte poétique

• Je repère des procédés.

> **La forme du texte :** strophes, vers, majuscules en début de vers.
> **Le rythme, les rimes, la sonorité des mots.**
> **Les répétitions** (*L'Île, Le hareng saur*).
> **Les comparaisons.**

• Je repère différents genres de poésies.

Exemple : La fable est une poésie qui raconte un court récit délivrant une morale.

Pour connaître les poètes

• Je recherche des informations sur les événements historiques et culturels de leur époque.

Exemple : Raymond Queneau est un poète français né en 1903.

Pour comprendre une poésie

• Je dois comprendre le rôle du poète.

> **Il crée, il joue avec les mots, il fait rêver.**
> **Il décrit la réalité sous forme d'images et de sons à travers la musicalité des mots.**
> **Il exprime des sentiments, des sensations, mais aussi des enseignements, des pensées…**

Pour dire des poésies de mémoire, en prenant du plaisir

> **Je choisis la façon de dire les mots, les vers, qui convient le mieux à ce que je veux faire ressentir.**
> **Je fais varier l'intensité, le rythme et la hauteur de ma voix.**
> **Je peux dire une poésie seul, à deux, en groupe avec toute la classe.**
> **Je peux rendre la récitation plus musicale en ajoutant des percussions corporelles, en utilisant différents procédés comme l'écho, l'accumulation (superposition de voix)…**
> **Je peux jouer avec les espaces sonores : dire une poésie en se dispersant dans la classe, dire en se regroupant dans un coin de la classe, dire en se déplaçant…**

7

Découvrir un genre : le théâtre

œuvre intégrale

Dans ce chapitre, tu vas apprendre à :

- Lire et comprendre une **œuvre intégrale** : *L'annonce* de Gérard Moncomble et Michel Piquemal
- Mémoriser des **informations** et faire des **liens entre ces informations**.
- Identifier les **caractéristiques d'un genre : le théâtre**.
- Comprendre le **fonctionnement d'un dialogue** et **d'un enchaînement de répliques**.
- Comprendre les **sentiments des personnages**.

Tu pourras ensuite :

Présenter un exposé sur un lieu de représentation théâtrale.

1 L'annonce (1)

œuvre intégrale en 2 parties

Côté jardin[1], le vestibule vide. Côté cour[2], dans le bureau, l'auteur est en train de faire une réussite avec un jeu de cartes. Le secrétaire manipule de la paperasse. On sonne. Le secrétaire va ouvrir la porte du vestibule[3] donnant sur les coulisses. Entrent les sept personnages, tous identifiables par leur costume. Ils ont un journal à la main, se bousculent.

LE SECRÉTAIRE – Entrez, messieurs, entrez.

LE CHAT BOTTÉ – Je viens pour l'annonce.

BARBE-BLEUE – Pour l'annonce...

LE PETIT POUCET – C'est pour l'annonce.

LE SECRÉTAIRE – Vous êtes ensemble ?

TOUT LE MONDE EN CHŒUR – Absolument pas !

PEAU D'ÂNE – Chacun pour soi !

BARBE-BLEUE – Je n'ai rien à voir avec ces gens-là.

LE CHAT BOTTÉ – Ne mélangeons pas, s'il vous plaît...

LE SECRÉTAIRE – Prenez place, messieurs-dames.

Ils s'assoient. Se regardent en chiens de faïence. Le secrétaire passe côté cour.

LE SECRÉTAIRE – Monsieur, c'est pour l'annonce.

L'AUTEUR – Une seconde, Charles.

Il range fébrilement ses cartes, se flanque une perruque sur la tête, boutonne sa vareuse, saisit sa plume d'oie et se met à écrire.

L'AUTEUR – Faites entrer, mon ami.

Le secrétaire ouvre la porte de communication.

LE SECRÉTAIRE – Au premier de ces messieurs !

Peau d'âne, Le Petit Chaperon rouge, Cendrillon et La Belle au bois dormant se lèvent.

CENDRILLON – Les dames d'abord, si ça ne vous fait rien !

BARBE-BLEUE, *au public* – En voilà quatre qui manquent à ma collection !

LE SECRÉTAIRE, *à Cendrillon* – Soit ! Mademoiselle, s'il vous plaît.

Ils entrent tous les deux dans le bureau de l'Auteur. Le secrétaire s'assoit et suit soigneusement chaque entretien, la mine intéressée. Dans la pièce adjacente, les autres personnages se collent à la porte pour écouter la conversation.

L'AUTEUR — Bonjour jeune fille. Vous savez ce que je cherche ?

CENDRILLON — Oui monsieur, j'ai bien lu l'annonce. *(Elle lit à haute voix.)* « Auteur cherche histoires pittoresques pour contes populaires. Forte récompense. Pas sérieux s'abstenir. »

1. À gauche de la scène.
2. À droite de la scène.
3. Entrée d'une maison.

L'Auteur, *au public* – La vérité est que je n'ai pas l'ombre d'une idée. Passé la première phrase – Il était une fois – je suis sec comme un vieux biscuit. *(À Cendrillon)* Je vous écoute, mademoiselle.

Cendrillon – Voilà, monsieur. Je m'appelle Cendrillon et...

L'Auteur, *au public* – Seigneur ! Ça commence bien ! Cendrillon ! Pourquoi pas goupillon, ou court-bouillon !

Cendrillon, *au public* – Quel vieux ronchon ! *(À l'Auteur)* À la maison, ma marâtre[4] et ses deux filles me traitent comme la dernière des souillons. Je m'habille avec des loques, je dors dans le grenier...

L'Auteur – Et vous mangez les épluchures de pommes de terre, je sais. Ma pauvre mademoiselle, la misère ne fait plus recette, aujourd'hui.

Cendrillon — Ça s'arrange après, monsieur, car ma marraine est une fée qui...

L'Auteur — Une fée ! À qui ferez-vous croire ça !

Cendrillon – Je vous assure, monsieur...

L'Auteur, *soupirant* — Bien, bien, continuez...

Cendrillon — Elle change une citrouille en carrosse et...

L'Auteur, *ironique* – Et des souris en chevaux, bien sûr !

Cendrillon – Ah ? On vous l'a dit ? Je vais donc au bal du roi ; le prince, son fils, tombe fou amoureux de moi, mais à minuit la citrouille se transforme en soulier et je perds mon carrosse... *(Elle s'arrête.)* Euh... Je crois que je me suis un peu mélangé les pédales...

L'Auteur – Relisez la dernière phrase de l'annonce, mademoiselle.

Cendrillon – « Forte récompense ».

L'Auteur – Plus loin.

Cendrillon – « Pas sérieux s'abstenir. »

L'auteur – Je ne vous le fais pas dire. Au revoir, mademoiselle. Faites entrer le suivant, Charles.

Cendrillon sort, le visage défait. Le secrétaire lui fait signe de s'asseoir dans la salle d'attente (il le fera pour chacun des personnages à venir).

Le Secrétaire – Surtout ne bougez pas, mademoiselle Cendrillon. J'aurai un petit mot à vous dire tout à l'heure...

Entre le Petit Chaperon rouge.

L'Auteur – Je vous écoute, mon enfant.

Le Petit Chaperon Rouge — Aimez-vous les galettes et le beurre, monsieur ?

L'Auteur, *surpris* – Certes, ma fille, certes.

Le Petit Chaperon Rouge – Mère-Grand aussi. C'est comme ça que j'ai rencontré le loup. Nous avons devisé puis...

4. Méchante belle-mère.

L'Auteur – Vous devisez avec les loups, vous ?

Le Petit Chaperon Rouge – Celui-là était bavard. Et très gourmand, aussi, parce qu'après avoir mangé Mère-Grand, il m'a fait le coup de la chevillette. Dès qu'elle a chu[5]...

L'Auteur – La chevillette a chu ? Vous êtes chûre ?

Le Petit Chaperon Rouge – Abcholument. La chevillette a chu et j'ai vu Mère-Grand avec ses grandes dents, qui voulait me croquer. Par bonheur le bûcheron a éventré le loup et sorti Mère-Grand avant qu'elle ne soit digérée. Voilà.

L'Auteur, *au public* – Je ne saisis pas un traître mot. *(Au Petit Chaperon rouge)* Quel est le rôle exact de la chevillette dans cette histoire ?

Le Petit Chaperon Rouge – Capital, monsieur. Sans galette et sans chevillette, cette histoire n'aurait ni queue ni tête.

L'Auteur, *au secrétaire* – Vous y comprenez quelque chose, vous ?

Le Secrétaire – Je ne suis que votre secrétaire, monsieur.

L'Auteur – C'est juste. Au suivant.

Le Petit Chaperon rouge sort. Le secrétaire la fait asseoir à côté de Cendrillon, en lui intimant d'attendre d'un geste.

La Belle au bois dormant entre.

La Belle – Monsieur, je suis la Belle au bois dormant.

L'Auteur, *au public* –Voilà un nom bien ronflant.

La Belle – Voyez-vous, je suis un tantinet[6] maladroite. L'autre jour, je me pique le doigt avec une aiguille...

L'Auteur, *dégoûté* – Du sang ? Il y a du sang, dans votre histoire ?

La Belle – Oh, juste une goutte. Mais je m'endors pour un siècle ou deux ainsi que tous les serviteurs, les hallebardiers, les...

L'Auteur – Les lecteurs ont horreur des histoires à dormir debout, ma petite dame !

La Belle – Attention ! Au bout d'un siècle, un prince charmant arrive et...

L'Auteur – Et tout le monde a refermé le livre. Au revoir, mademoiselle ! *(Au secrétaire)* Suivant !

La Belle au bois dormant sort, boudeuse.

5. Est tombé. Passé composé du verbe « choir ».

6. Un peu.

Je découvre le texte

1. Relève dans le premier paragraphe les termes spécifiques au théâtre.
2. Quel est le rôle de ce premier paragraphe ?
3. Associe à chaque terme le type d'écriture qui le différencie des autres :

   le nom des personnages — les éléments de mise en scène — les dialogues

   a. italique **b.** majuscule **c.** écriture standard
4. **VOCABULAIRE** Cherche dans le dictionnaire les définitions de *didascalies* et *répliques*. Relèves-en un exemple dans le texte.
5. Relève le nom des personnages présents dans cette scène.
6. Relis le texte jusqu'à la ligne 23 et retrouve les indices qui te permettent de situer cette scène dans une époque et dans un lieu.

Je comprends le texte et j'explore le vocabulaire

7. Retrouve le texte de l'annonce qui a été passée, puis relève la réplique qui indique pourquoi L'AUTEUR a passé cette annonce.
8. Quel est le point commun des personnages reçus par L'AUTEUR ?
9. Les personnages viennent pour…

   a. raconter leur vie. **c.** toucher la récompense.
   b. être embauché. **d.** jouer dans la pièce.
10. Quel signe de ponctuation termine les répliques de CENDRILLON (lignes 34 à 46) ? Qu'est-ce que cela indique ?
11. Retrouve pour chaque personnage les raisons pour lesquelles L'AUTEUR rejette leur récit.
12. **DÉBAT** Pour toi, cet extrait est…

    banal • inquiétant • drôle • étrange • surprenant • comique • violent
13. Relève dans le texte toutes les émotions ressenties par L'AUTEUR.
14. **DÉBAT** D'après toi, pourquoi le secrétaire fait-il signe de s'asseoir dans la salle d'attente à chacun des personnages (ligne 59) ?

J'écris pour mieux comprendre

15. Imagine que Blanche-Neige soit reçue par L'AUTEUR. Écris la scène en une dizaine de lignes.

2 L'addition

texte intégral

LE CLIENT
Garçon, l'addition !

LE GARÇON
Voilà. *(Il sort son crayon et note.)* Vous avez… deux œufs durs, un veau, un petit pois, une asperge, un fromage avec beurre, une amande verte, un café filtre, un téléphone.

LE CLIENT
Et puis des cigarettes !

LE GARÇON, *il commence à compter.*
C'est ça même... des cigarettes... ... Alors ça fait...

LE CLIENT
N'insistez pas mon ami, c'est inutile, vous ne réussirez jamais.

LE GARÇON !!!

LE CLIENT
On ne vous a donc pas appris à l'école que c'est ma-thé-ma-ti-que-ment impossible d'additionner des choses d'espèce différente !

LE GARÇON !!!

LE CLIENT, *élevant la voix.*
Enfin, tout de même, de qui se moque-t-on ?... Il faut réellement être insensé pour oser essayer d'« additionner » un veau avec des cigarettes, des cigarettes avec un café filtre, un café filtre avec une amande verte et des œufs durs avec des petits pois, des petits pois avec un téléphone... Pourquoi pas un petit pois avec un grand officier de la Légion d'honneur, pendant que vous y êtes ! *(Il se lève.)* Non, mon ami, croyez-moi, n'insistez pas, ne vous fatiguez pas, ça ne donnerait rien, vous entendez, rien, absolument rien.., pas même le pourboire !
Et il sort en emportant le rond de serviette à titre gracieux.

Jacques Prévert, « L'addition », *Le beau langage*, Gallimard.

Je découvre le texte

1. Qui sont les personnages de cette scène ? Justifie ta réponse.
2. Dans quel lieu cette scène se déroule-t-elle ? Justifie ta réponse.
3. Qui est l'auteur de ce texte ? Quels autres textes de cet auteur connais-tu ? En quoi sont-ils différents ?
4. Liste les éléments qui te permettent de reconnaître un texte théâtral.

Je comprends le texte et j'explore le vocabulaire

5. **VOCABULAIRE** Cherche dans le dictionnaire le sens du mot *addition* qui convient ici : « Garçon, l'addition ! » (ligne 2). Puis proposes-en un synonyme.
6. Observe la ponctuation des phrases prononcées par les personnages, puis justifie leur emploi.
7. **VOCABULAIRE** Explique la formation du mot *inutile* : « N'insistez pas mon ami, c'est **inutile**, vous ne réussirez jamais. » (ligne 17). Puis propose cinq mots construits de la même manière.
8. Explique pourquoi « ma-thé-ma-ti-que-ment » est écrit ainsi à la ligne 21.
9. **DÉBAT** Comment le garçon peut-il dire ses répliques lignes 19 et 23 ? Quel sentiment ces répliques expriment-elles ?
10. **VOCABULAIRE** Cherche dans le dictionnaire le sens du mot *gracieux* qui convient ici : « Et il sort en emportant le rond de serviette à titre **gracieux**. » (ligne 32). Puis proposes-en un synonyme.
11. Explique ce qui permet au client de dire qu'il est impossible de faire cette addition.
12. Choisis les adjectifs qui caractérisent le mieux le client. Justifie ta réponse.
    comique • timide • coléreux • fier • calme • bienveillant • malin • naïf • audacieux
13. Pour toi, cette scène est…
    banale • inquiétante • étrange • surprenante • comique • violente
    Justifie ta réponse.
14. **DÉBAT** Selon toi, pourquoi le client agit-il ainsi ?

J'écris pour mieux comprendre

15. En quelques lignes, rédige les didascalies qui pourraient introduire ce texte en présentant le décor, les accessoires et les personnages.

Pour comprendre un texte théâtral

• Je dois savoir me repérer dans le texte.

> **Le texte théâtral est constitué principalement de dialogues.**
> **Les prises de paroles des différents personnages sont appelées des répliques.**

> **Devant chaque réplique figure le nom du personnage qui parle.**
> **Il est généralement écrit en majuscule pour le distinguer des répliques.**

Exemple : **BARBE-BLEUE** – Êtes-vous curieux, monsieur ?

• Je fais attention aux didascalies.

> **Les didascalies ne font pas partie du dialogue. Elles sont en général écrites en italique et au présent.**

> **Elles donnent des indications sur :**

– **la mise en scène :** le décor et les objets ou accessoires présents sur scène ou utilisés par les acteurs.

Exemples : ***Côté jardin***, *le vestibule vide.*
Dans le bureau, *l'auteur est en train de faire une réussite.*
Il sort ***son crayon*** *et note.*

– **le jeu des acteurs :** elles précisent les actions à réaliser ou les émotions ressenties par les personnages.

Exemples : *Le secrétaire va* ***ouvrir la porte du vestibule****.*
Il range fébrilement ***ses cartes****, se flanque* ***une perruque*** *sur la tête.*
L'AUTEUR, ***agacé****...*

• Je dois comprendre pourquoi les personnages communiquent et quelles sont leurs intentions.

Exemple : CHARLES PERRAULT – *À tour de rôle, messieurs-dames !*
Racontez-moi votre histoire à tour de rôle !

Étude de la langue

▶ Pour la différenciation

Les exercices les plus difficiles s'adressant aux élèves les plus autonomes sont signalés par une pastille jaune.

Utiliser les types et formes de phrases

Je cherche

1. Relève les phrases qui expriment ce que les personnages ressentent.
2. Indique le type de chaque phrase en t'aidant des signes de ponctuation.
3. Relève une phrase à la forme négative et justifie ton choix.
4. Propose une nouvelle phrase pour chaque bulle en veillant à varier les types et les formes de phrases.

Je retiens

✓ Je connais déjà **les différents types de phrases** :
- **la phrase déclarative** permet de **donner une information**,
  Les spéléologues ont découvert une nouvelle grotte.
- **la phrase interrogative** sert à **poser une question**,
  Quel est le nom de cette grotte ?
- **la phrase injonctive** sert à **donner un ordre ou un conseil**,
  Prenez un sac à dos pour tout transporter.
- **la phrase exclamative exprime un sentiment**.
  Comme cet avion est grand !

✓ Je choisis **la forme affirmative** pour **donner une information**.
Je partirai en avion.

✓ Je choisis **la forme négative** pour **nier une information**.
Je ne partirai pas en avion.

Je repère

1 **Recopie les phrases. Indique leur type.**
a. Où ai-je déposé mes clés ?
b. Elles sont posées ici.
c. Merci ! Tu m'as rendu service !
d. Range-les mieux la prochaine fois.

2 **Cherche l'intrus. Justifie ta réponse.**
a. La baleine est un mammifère marin.
b. L'hippocampe est aussi nommé cheval de mer.
c. L'anémone de mer n'est pas une plante.
d. Le diodon se gonfle pour effrayer ses agresseurs.

3 Relève une phrase de chaque type dans le texte suivant.

On trouve des yaourts de toutes sortes dans nos réfrigérateurs. Mais sans lait, pas de yaourt ! Comment le lait de vache se transforme-t-il en yaourt ? Les yaourts sont stockés au frais, à 4° C. À cette température la fermentation est stoppée. Ils sont ensuite transportés vers les rayons frais des magasins. Chez toi, conserve bien les yaourts au réfrigérateur avant de les déguster !

Mon Quotidien, février 2011.

4 Les phrases suivantes sont-elles toutes des phrases injonctives ? Justifie ta réponse.

a. Sors le gâteau du four !
b. Coupe une part pour chacun.
c. Ne mange pas tout !
d. Quel délicieux goûter tu as préparé !

5 Relève chaque phrase interrogative. Entoure le mot interrogatif.

a. Comment s'organise le traditionnel carnaval ?
b. Plusieurs villes sont célèbres pour ces festivités.
c. Quel carnaval as-tu vu ?
d. Connais-tu le carnaval de Rio de Janeiro ?
e. Quand se déroule celui de Venise ?

6 Relève les phrases injonctives.

Le doc. 1 montre comment Claude Ptolémée, qui a vécu deux siècles après J.-C., imaginait le monde. On parle du **système de Ptolémée**.

- Repère la Terre, le Soleil (Sol) et la Lune (Luna).
- Essaie également de repérer quelques planètes (leurs noms sont aussi écrits en latin).
- Quel est, selon Ptolémée, l'astre qui occupe le centre de l'Univers ? Quel est le mouvement des autres astres ?
- Vérifie tes découvertes et complète-les en consultant l'encyclopédie.

Sciences cycle 3, Magnard.

Je manipule

7 Réécris les phrases à la forme négative.

a. Le train est arrivé en retard.
b. Les passagers descendent rapidement.
c. La gare se remplit de voyageurs.
d. Le haut-parleur diffuse des informations claires.

8 Les phrases suivantes sont-elles correctes ? Justifie ta réponse.

a. On a pas trouvé la sortie.
b. Les touristes ne sont guère nombreux.
c. J'en ai pas acheté.
d. Il est pas encore arrivé ?

9 Pose une question portant sur chaque groupe de mots surlignés.

a. L'autoroute A 10 traverse la Touraine.
b. Les conducteurs s'arrêtent au péage.
c. Ils repartent après avoir payé.
d. C'est un embouteillage qui se forme à la sortie de la ville.

10 Transforme les phrases suivantes en phrases injonctives. Utilise un verbe conjugué à l'impératif.

a. Interdiction de marcher sur la pelouse.
b. Défense de courir.
c. Obligation d'arriver en avance.

11 Pose trois questions sur le texte suivant.

Une baleine à bosse de 11 mètres a été sauvée au large du Cap, en Afrique du Sud. Elle était coincée dans des filets, des cordages, des bouées et ne pouvait plus bouger. Ses sauveteurs sont des protecteurs des animaux. Ils ont découpé chaque corde, puis le cétacé a pu repartir.

Mon Quotidien, juin 2011.

J'écris

12 Écris un court dialogue entre les deux enfants. Tu utiliseras les propositions suivantes dans l'ordre qui te convient : s'exclame-t-elle, répond-il, dit-elle, demande-t-il.

Utiliser la phrase exclamative

Je cherche

La coccinelle a mangé tous les pucerons !

Comme elle est belle !

Quel drôle d'animal !

Le liseron a envahi toutes les plantations !

Quelle catastrophe !

Que cette plante pousse vite !

Que de pucerons sur ce rosier !

Qu'ils sont petits !

Les dahlias nains ont été grignotés par les limaces !

Combien d'efforts pour désherber tout ce jardin !

- **Compare ces phrases et classe-les. Justifie ton classement avec précision.**

Je retiens

✓ J'utilise **la phrase exclamative** pour **exprimer un sentiment** :
- **la surprise** : *Quelle nouvelle !*
- **la colère** : *Que tu es décevant !*
- **le découragement** : *Comme cet escalier monte haut !*

✓ Je reconnais **la phrase exclamative** par :
- **sa ponctuation** : le point d'exclamation !
- **les mots exclamatifs** qui l'introduisent :
  – **un déterminant exclamatif** que j'accorde avec le nom qu'il accompagne : ***Quel** exploit ! **Quelle** aventure !*
  – **un adverbe exclamatif** : ***Comme** il fait chaud ! **Que** de bruit !*

Je repère

1 **Recopie les phrases. Encadre les mots exclamatifs.**

a. Quelle chaleur !
b. Comme il a grandi !
c. Qu'ils sont sages !
d. Quel bruit !
e. Que l'idée de pique-niquer est bonne !
f. Que de vent sur cette plage !

2 **Recopie les phrases. Encadre les mots exclamatifs et donne leur nature.**

a. Quelle belle journée !
b. Comme le soleil brille !
c. Que c'est haut !
d. Comme cette maison est charmante !
e. Entrez donc dans le salon !
f. Quelle belle demeure !
g. Que vous avez de la chance !

3 **Relève les phrases exclamatives de la vignette.**

Peyo, *Schtroumpferies*, t. 1, © Peyo - 2012 - I.M.P.S.

4 **Relève les phrases exclamatives dans le texte.**

Bien chère Corneille,

J'ai bien reçu ta lettre. Merci ! Je l'ai d'abord laissée sécher et puis lue. Très intéressante ! C'est toujours un plaisir de recevoir du courrier de ta part. Ne sois pas fâchée si j'ai quand même un peu gazouillé de plaisir. Sais-tu que, quand je lève la tête, je te vois ?

T. Tellegen, *Lettres de l'écureuil à la fourmi*, Albin Michel Jeunesse.

5 **Identifie les sentiments exprimés par les phrases exclamatives. Propose une lecture expressive du texte.**

« J'étais en train d'enlever les décorations de Noël dans la vitrine quand j'ai vu des sangliers foncer sur la porte, raconte Anne-Sophie Neveu, la responsable du magasin. Ils ont glissé sur le sol. Heureusement j'ai pu sortir ! Un sanglier est resté dans le magasin. Les deux autres se sont enfuis. C'était une furie ! Il a fait un trou dans le mur et a renversé une tour de montres. »

Mon Quotidien, 7 janvier 2011.

6 **Détermine le nombre de personnes qui parlent. Propose une lecture expressive du texte.**

Max lui demanda qui était Mona Lisa.
« C'est ma poupée noire ! cria Dagny.
– Alors donne-lui cette poupée, soupira Max.
– Je n'en sais rien, moi, où elle est ! » cria Benny en se frappant le front puis en avalant trois pastilles de réglisse.
« Elle est dans le landau, dit Dagny.
– Eh bien, prends-la donc ! hurla Benny en roulant les yeux.
– Jamais ! » s'exclama Max, qui fondit presque sur la petite.

B. Reuter, *Oscar, à la vie à la mort*, Livre de Poche.

Je manipule

7 **Complète chaque phrase par un mot exclamatif.**

a. … drôle d'histoire !
b. … les personnages sont bizarres !
c. … le roi est paresseux !
d. … la reine est méchante !

8 **Transforme les phrases suivantes en phrases exclamatives en variant les mots exclamatifs.**

a. Cette moto est rapide.
b. Sa couleur est superbe.
c. Le motard conduit bien.
d. C'est un plaisir de le voir circuler.

9 **Ponctue les phrases suivantes.**

a. Quel beau voyage
b. Courage Nous sommes presque arrivés
c. C'est bientôt l'heure Vite
d. Quelle est votre destination

10 **Transforme les phrases déclaratives suivantes en phrases exclamatives.**

a. Cet orage est impressionnant.
b. C'est une belle invention.
c. C'est un beau port de pêche.
d. Cette lumière est éblouissante.

11 **Réécris au pluriel les phrases exclamatives obtenues dans l'exercice précédent.**

12 **Rédige une phrase exclamative exprimant les sentiments suivants :**

a. la colère
b. l'inquiétude
c. l'admiration
d. l'étonnement

J'écris

13 **Écris ce que chaque enfant peut dire. Tu utiliseras des phrases exclamatives.**

Repérer le verbe dans une phrase

Je cherche

Cendrillon faisait son travail avec soin. Elle balayait la cuisine, préparait le dîner pour toute la famille, nettoyait les vêtements, s'occupait des animaux domestiques, allait chercher de l'eau à la source. Elle revenait sans gémir. Elle parlait peu avec ses demi-sœurs et ne devait pas jouer. Elle espérait toujours avoir un peu de temps pour se reposer mais sa marâtre ne lui laissait aucun répit. Lorsqu'elle se couchait, elle pouvait enfin rêver à une vie plus agréable.

1. **Réécris le texte en commençant par *Aujourd'hui…***

2. **Relève les verbes conjugués. Comment les as-tu identifiés ? Indique leur infinitif.**

3. **Remplace oralement le pronom *elle* écrit en rouge par le pronom *nous* : que constates-tu ?**

Je retiens

✓ Dans une phrase, je sais repérer **le verbe conjugué** :
- il **varie selon le temps,**
  *Aujourd'hui le bûcheron **coupe** un pin. Demain le bûcheron **coupera** un pin.*
- il **varie selon la personne.**
  *Le feu **s'étend** et **dévore** la forêt. Les feux **s'étendent** et **dévorent** la forêt.*

✓ **L'infinitif du verbe** est la forme non conjuguée du verbe.

✓ Je peux **utiliser la négation pour vérifier** si j'ai bien repéré **le verbe conjugué**.
*Le motard démarre et accélère. Le motard ne **démarre** pas et n'**accélère** pas.*

✓ Pour les verbes conjugués **à un temps composé**, je sais que c'est **le participe passé** qui me permet de retrouver l'infinitif.
*Il n'**est** pas **parti** en vacances → verbe **partir**.*

Je repère

1 **Recopie les phrases. Souligne les verbes conjugués et indique leur infinitif.**

a. Le peintre choisit une toile, prend ses pinceaux et s'installe dans son jardin.
b. Il ne peut pas répondre car il n'entend pas.
c. Demain la pluie cessera et le soleil brillera.
d. Au lever du jour, toute la forêt s'éveille et chaque animal recherche son déjeuner.

2 **Relève les verbes conjugués. Justifie ta réponse.**

a. je pioche – il pioche – la pioche
b. des marches – tu marches – il marche
c. je lis – un lit – il lit
d. elle porte – une porte – je porte
e. je livre – tu livres – des livres
f. des cours – je cours – tu cours

2 Recopie les phrases et entoure les ar contractés.

a. Les touristes se rendent au musée d arrivée.
b. Le guide se munit des billets et les c aux touristes.
c. Des fauteuils sont disposés dans le l musée.
d. Les statues attirent le regard des to des guides.

3 Recopie le texte. Souligne les articles et relie-les aux noms qu'ils détermin

Papa est libraire. Il adore les livres. C'es Il lit toute la journée et parfois la nuit. maladie incurable mais ça n'a pas l'ai ter notre médecin de famille. Chaque nouvelle pile de livres débarque à la m en a partout, jusque dans les toilettes. invasion.

E. Sanvoisin, *Le buveur d'en*

4 Recopie le texte. Souligne les articles et relie-les aux noms qu'ils détermin

Montserrat, petite île des Antilles, a juillet 1995 une éruption volcanique. lente explosion a projeté à plusieurs k d'altitude des panaches de gaz, de cen blocs rocheux. Des nuées ardentes on pente du volcan, détruisant tout sur sage. Un dôme s'est mis en place dar cratère, à partir d'une lave épaisse, vis

Sciences cycle

5 Les mots en rouge sont-ils tous des a définis ? Justifie ta réponse.

La fermière ouvre la porte du poula referme avant la sortie des poussins part vers la mare. La cane la suit avec tons. Pendant ce temps le coq rest canard dans la cour puis il l'accompag pré.

Je manipule

6 Transforme les phrases en mettant l surligné au pluriel.

a. La mairie est située face à l'école.
b. Des tilleuls ont été plantés près de
c. À côté de la ferme, il y a un étang.
d. Les murs du château sont épais.

3 Les mots écrits en rouge sont-ils des verbes ? Justifie ta réponse.

a. La lave du volcan se solidifie sur les parois.
b. Maman lave les serviettes de table.
c. Le jardinier plante un arbuste.
d. Le jardin expose une plante carnivore.
e. Le carnivore lâche sa proie.
f. Cet homme est peureux et lâche.

4 Recopie les phrases et souligne les verbes à l'infinitif.

a. Il est l'heure de souper.
b. J'ai préparé le souper.
c. Le cri de la hyène ressemble à un rire.
d. Le clown fait rire les spectateurs.
e. Ce coucher de soleil est magnifique.
f. Va te coucher et fais de beaux rêves.

5 Recopie le texte. Souligne les verbes conjugués. Entoure les verbes à l'infinitif.

L'architecture gothique permet d'ouvrir de grandes fenêtres et la lumière pénètre largement dans les églises. Les artistes verriers peuvent alors employer des verres plus foncés, des couleurs plus variées, plus vives. La lumière fait ainsi briller les bleus, les rouges, les jaunes.

Histoire cycle 3, Magnard.

6 Dans le texte suivant, tous les verbes sont-ils conjugués ? Justifie ta réponse.

Le bateau sort du port pour naviguer en pleine mer. Au large, les marins jettent le grand filet. Lorsqu'il est plein, les matelots hissent leur pêche sur le chalutier, trient les poissons avant de les mettre dans des casiers. Ensuite le filet est à nouveau jeté à la mer.

Je manipule

7 Réécris le texte en commençant par *Aujourd'hui*. Souligne les verbes conjugués.

Les élèves sortaient en récréation en courant. Certains enfants s'installaient sous le tilleul et jouaient aux billes. D'autres préféraient courir, prenaient un ballon et commençaient une partie de football.

8 Réécris le texte en commençant par *Les cavaliers*.

Le cavalier sort son cheval du box. Il saisit les rênes, glisse son pied dans l'étrier et se place sur la selle. Il se dirige vers le bois.

9 Réécris le texte de l'exercice 8 en commençant par *Demain*.

10 Utilise chaque mot dans deux phrases. Dans la 1re phrase, il sera un nom. Dans la 2e phrase, il sera un verbe conjugué.

a. lever – sourire – déjeuner – dîner
b. porte – livre – danse – coupes
c. gomme – traces – montres

11 Réécris les phrases en mettant les sujets au singulier et souligne les verbes conjugués.

a. Les ouragans traverseront le pays et dévasteront tout.
b. Les pompiers interviennent pour aider les habitants et circulent de maison en maison.
c. Au printemps, les oiseaux chanteront, feront leur nid et protègeront leurs petits.
d. Vous vous amusez dans la cour et vous n'entendez pas la sonnerie retentir.

12 Réécris le texte en plaçant les verbes conjugués de ton choix.

Blanquette, la petite chèvre, … dans son pâturage. Elle … de son enclos et … dans la forêt. Elle … heureuse de pouvoir gambader en liberté. Les fleurs sauvages … si bon et … un goût sucré. Mais à la nuit tombée, le loup … et … sans bruit. Au petit matin, quand le jour … , l'animal féroce … la chevrette.

J'écris

13 Écris un court texte qui raconte la scène ci-dessous.

Identifier et

Je cherche

a. Le chien de ma vois
b. J'entends un chien
c. Le chien est un ma
d. La fleur que j'ai cu
e. La fleur est un végé
f. J'ai cueilli une fleur

1. Trie les phrases selo
que remarques-tu ?
2. Réécris chaque phra
Quels changements c

Je retiens

✓ Je reconnais **les art**
Ils sont placés **deva**
Des libellules survole

✓ J'utilise **l'article dé**
• **un groupe, une c**
grades.
• **une personne** ou

✓ J'utilise **l'article ind**
imprécise.
Une vipère dort sur l

✓ Certains articles sor
Il s'adresse ***aux*** *enfa*
(= à + les)

✓ Je ne dois **pas conf**
Je range ***la*** *vaisselle*
article nom

|| Je retrouve les diffé

Je repère

1 Recopie les phrases qui compor
défini indiquant une catégorie.
a. Les lions ont passé la nuit sous
b. Les lions sont particulièremen

Identifier et utiliser les déterminants possessifs, démonstratifs et interrogatifs

Je cherche

Quelle heure est-il ? À peine neuf heures ! Bon ça va ! J'ai encore du temps devant moi. Nous sommes mercredi et je ne suis pas pressé. Mes deux grands frères, Sébastien et Jérôme, sont déjà partis au collège. Ce sont de bons élèves, eux. Moi, je ressemble plutôt à Dorothée, ma sœur, l'aînée de la famille. Elle non plus ne travaillait pas fort à l'école. Elle est maintenant vendeuse à la boulangerie du quartier. **Ce métier** lui plaît.

P. Barbeau, *L'odeur de la mer*, Flammarion.

1. Relève les noms et leurs déterminants.
2. Classe ces groupes nominaux (GN) en trois colonnes :
– ceux dont les déterminants sont des articles,
– ceux dont les déterminants précisent à qui quelque chose appartient,
– ceux dont les déterminants servent à poser une question.
3. Quel est le rôle du déterminant *ce* dans le groupe nominal *ce métier* ?

Je retiens

✓ Je sais que **les déterminants** sont **placés avant le nom** et qu'ils **varient en genre et en nombre**.

✓ J'identifie **les différentes catégories de déterminants** :
• les **articles définis** et **indéfinis** : ***le*** *pain,* ***une*** *brioche,* ***des*** *gâteaux.*
• les **déterminants possessifs** indiquent à qui quelque chose appartient : ***mon*** *cahier,* ***vos*** *livres.*
• les **déterminants démonstratifs** désignent ce que l'on voit ; ils servent aussi à reprendre un mot ou une idée déjà vus dans la phrase précédente : ***Ce*** *stylo t'appartient-il ? Tu as acheté une jupe bleue. J'aime beaucoup* ***cette*** *couleur.*
• les **déterminants interrogatifs** servent à poser une question : ***Quel*** *dessert as-tu choisi ?*

|| Je retrouve les différents déterminants selon leur nature, leur genre et leur nombre dans **le tableau repère p. 156-157.**

Je repère

1 Recopie les phrases. Souligne les déterminants.
a. Un visiteur reste admiratif devant cette œuvre de Léonard de Vinci.
b. Ce tableau représente la célèbre Joconde.
c. Quel touriste ne vient pas observer cette peinture au Louvre ?
d. Le gardien surveille la salle avec précaution.

2 **Recopie le texte. Souligne les déterminants possessifs.**

a. Rendez-moi mon bonnet.
b. La comédienne recoiffe ses cheveux, replace son costume et entre en scène.
c. Ma tante recoud les broderies de sa robe.
d. Avez-vous détruit leur château de sable ?

3 **Recopie le texte. Encadre les GN comportant des déterminants démonstratifs et souligne les mots qu'ils reprennent.**

Imagine les Jeux olympiques de 2028. Cette année-là, Vincent Durand sera très connu. Ce sportif expliquera ses exploits : « J'ai gagné cette coupe en emportant ma 1re course de 100 mètres. Cette médaille d'or m'a été donnée le jour de ma victoire aux derniers Jeux olympiques. Ce moment a été le plus merveilleux de ma vie ! ».

4 **Recopie les phrases. Souligne les déterminants interrogatifs.**

a. Avec le poisson, quels légumes choisis-tu ?
b. Mais quelle date sommes-nous ?
c. Quel est ton nom ?
d. Durant quelles vacances partirez-vous ?

5 **Souligne chaque déterminant et indique sa nature.**

Observe la forme du puy de Dôme sur la photographie. Comment ce relief est-il représenté sur la carte ? Indique quelle est l'altitude maximale de ce relief. À quel type de montagne correspond le puy de Dôme ? La carte te donnera un indice.

Géographie Cycle 3, Magnard.

6 **Relève tous les déterminants. Indique leur nature, leur genre et leur nombre.**

À entendre ces lamentations incessantes qui montaient vers le ciel, un nuage finit par se fâcher. Il décida de noyer cette petite vieille qui était vraiment trop agaçante. Mais notre Brimborion était plus vive que lui. À l'abri d'une large feuille d'aconit, elle regarda avec satisfaction l'averse s'abattre sur le sol et sur son linge qui ne pouvait, ainsi, être mieux rincé.

A. Prøysen, *Mère Brimborion*, Bibliothèque Rouge et Or.

Je manipule

7 **Réécris les phrases en mettant le nom rouge au pluriel.**

a. J'ai perdu mon **sac**.
b. La cane nage avec son **caneton**.
c. Tu écoutes souvent cette **chanson**.
d. La télévision propose ce **film** tardivement.

8 **Réécris les phrases en mettant les GN au singulier.**

a. En hiver, ces animaux hibernent.
b. Quels jeux as-tu préférés ?
c. Vos pulls et vos pantalons sont troués.
d. Ces plantes se nourrissent de mouches.

9 **Réécris les phrases en mettant les GN surlignés au féminin.**

a. Quel élève saura répondre ?
b. Ton camarade et tes cousins t'attendent.
c. J'ai demandé à ce photographe de venir.
d. Ce guide accompagne un groupe d'élèves.

10 **Écris tous les déterminants possibles devant chaque nom.**

classe – collège – camarades – réfectoires

11 **Rédige la question qui correspond à la réponse.**

a. « Des pommes de terre et des poireaux. »
b. « Au jeu de l'oie ! »
c. « Je préfère la robe à pois. »
d. « Celles qui sont rapides ! »

12 **Complète les phrases par le déterminant possessif ou démonstratif qui convient.**

La trompette fait partie de l'orchestre. ... instrument est un instrument à vent. ... pavillon et ... pistons sont le plus souvent en laiton. ... embouchure a la forme d'une petite coupe. Un musicien prend soin de ... trompette. Après avoir joué, il retire l'embouchure et range l'instrument dans ... étui.

J'écris

13 **Écris la liste de ce que tu dois faire avant de partir en vacances, en utilisant des déterminants démonstratifs et possessifs.**

Utiliser les pronoms personnels

Je cherche

Cher Papi,
Depuis plusieurs jours, je suis en colonie de vacances à la mer. J'ai déjà de nouveaux copains et je les aime bien. Ils m'ont appris des jeux de cartes et je leur ai prêté mon ballon. Nous allons ensemble à la plage. J'espère que tu vas bien. Est-ce que tu as reçu ma dernière lettre ? Je te racontais les exploits que j'avais réalisés au marathon de l'école. Tu embrasseras Mamie de ma part et tu lui diras que je pense fort à elle. Gros bisous. A bientôt.

Léo

1. **Qui écrit cette carte ? À qui s'adresse-t-il?**

2. **Relève les mots qui désignent celui qui écrit et celui à qui on écrit. Identifie leur nature grammaticale.**

3. **De quelles autres personnes parle-t-on dans la carte ? Relève tous les mots qui désignent chacun d'eux. Pourquoi n'utilise-t-on pas toujours le même mot pour parler de la même personne ?**

4. **Compare la nature des mots surlignés.**

Je retiens

✓ Quand j'écris, j'utilise **des pronoms personnels désignateurs** :
- ils désignent **qui s'exprime** : *__Nous__ avons bien reçu la lettre. __Je__ reviens très vite.*
- ils désignent **à qui l'on parle** : *Nous __vous__ remercions de votre visite. __Tu__ dors ?*

✓ J'utilise aussi **des pronoms personnels substituts**. Ils remplacent un nom ou un GN et peuvent servir à éviter les répétitions.
J'ai préparé un colis. __Il__ est prêt et je __le__ transporte à la poste.

✓ Les pronoms personnels **changent de forme selon leur fonction**.
__Tu__ es mon cousin. Je __te__ reconnais.
SUJET — COD
J'emmènerai Émilie et je __lui__ dirai que tu viendras __la__ rechercher.
COI — COD

Je retrouve les différents pronoms personnels selon leur genre, leur nombre et leur fonction **dans le tableau repère p. 156-157**.

Je repère

1 **Recopie les phrases. Souligne les pronoms personnels désignateurs.**

a. Nous sommes allés voir une exposition.
b. Je n'aime pas les navets et tu en as mis dans la soupe.
c. Pouvez-vous venir demain ?
d. Tu surveilleras le troupeau de chèvres.

2 **Recopie les phrases. Souligne les pronoms personnels substituts.**

Le directeur est entré dans la classe et il a demandé à voir Lucie. Le maître lui a dit qu'elle était absente. « Il faut que je la voie. Savez-vous quand elle reviendra ? » a répondu le directeur.

3 **Recopie le texte. Souligne en bleu les pronoms personnels qui désignent le frère et en vert ceux qui désignent la mère. Qui est « je » ?**

Mon frère est malade, il est resté couché toute la journée. Je l'ai aidé pour se lever. Maman lui a apporté son repas dans la chambre. Elle lui a donné du sirop pour la toux. Je suis pressée de le voir guérir.

4 **Recopie le texte. Souligne les pronoms personnels. Indique s'il s'agit de pronoms substituts ou désignateurs.**

Georges ne bougea pas. Grandma non plus.

– Je connais de nombreux secrets, reprit-elle en souriant. (C'était un petit sourire glacial, le sourire d'un serpent qui va mordre.) Approche-toi de Grandma. Elle te chuchotera des secrets.

Georges recula d'un pas, se rapprochant de la porte.

– Tu ne dois pas avoir peur de ta vieille Grandma, dit-elle avec un sourire sinistre.

R. Dahl, *La potion magique de Georges Bouillon*, trad. M.-R. Farré, © R. Dahl Nominée Ltd ©Gallimard.

5 **Les mots en rouge sont-ils tous des pronoms personnels substituts ? Justifie ta réponse.**

a. **Le** bouquet est fané. Il faut **le** jeter.
b. J'ai appris **la** poésie par cœur. Je peux **la** réciter maintenant.
c. Mon père collectionne **les** timbres. Il **les** rassemble dans un album spécial.
d. **L'**arbre a été déraciné. C'est le vent qui **l'**a abattu.
e. **Le** film préféré de ma mère passe à la télévision. Elle veut **le** voir.

Je manipule

6 **Transforme les phrases en remplaçant le GN surligné par un pronom personnel.**

a. L'hélicoptère survole la montagne.
b. Les guides cherchent les alpinistes.
c. La neige est tombée sur les sommets.
d. La neige a recouvert les pistes.

7 **Réécris le texte en utilisant les pronoms personnels suivants : toi, nous, je, il, tu, lui, te.**

Dès qu'... entra dans son bureau, le commissaire téléphona à l'inspecteur et ... dit : « J'ai besoin de ... . Apporte le dossier sur les derniers vols. Ils ... seront utiles. ... dois être discret car ... crains que les voleurs ne ... suivent. »

8 **Transforme les phrases en remplaçant le GN surligné par un pronom personnel.**

a. Mon frère et moi voulons être pompiers.
b. J'emmène mon chien chez le vétérinaire.
c. Le cousin de Nina étudie à Bordeaux.
d. Vous tondez la pelouse chaque semaine.

9 **Transforme les phrases en remplaçant chaque pronom personnel par un GN.**

a. Mon frère lui a rendu ses livres.
b. Elle ne veut pas aller à la piscine.
c. Le loup souhaite la manger.
d. Il le transforme en crapaud.

10 **Réécris chaque seconde phrase en évitant les répétitions.**

a. Le médecin a ausculté son patient. Le médecin a dit au patient de se reposer.
b. L'astronaute répond à la tour de contrôle. L'astronaute dit à la tour de contrôle que tout va bien.
c. La cuisinière a préparé une tarte aux fraises. La cuisinière met la tarte dans le four.
d. Le livreur apporte une commande. Le livreur dépose la commande près du garage.

J'écris

11 **Relis la carte postale de Léo (p. 130) et écris la réponse du grand-père : « cher Léo , ... »**

(p. 130)

Identifier et utiliser les pronoms relatifs

Je cherche

Phrases A	Phrases B
Le tigre franchit le cercle de feu. Le dompteur a dressé le tigre.	Le tigre **que** le dompteur a dressé franchit le cercle de feu.
Le tigre s'appelle Arcane. Le dompteur se méfie du tigre.	Le tigre **dont** le dompteur se méfie s'appelle Arcane.
Le tigre s'endort dans les coulisses. Le tigre veut se reposer.	Le tigre **qui** veut se reposer s'endort dans les coulisses.
Le pays s'appelle l'Inde. Le tigre vient de ce pays.	Le pays **d'où** vient le tigre s'appelle l'Inde.

1. Compare les phrases A avec les phrases B : que remarques-tu ?
2. Comment les phrases B sont-elles construites ?
3. Que remplacent les mots écrits en rouge ?

Je retiens

✓ Je sais qu'il existe **plusieurs pronoms relatifs** : *qui*, *que*, *dont*, *où*.

✓ Ces pronoms relatifs **remplacent un nom ou un groupe nominal**. Le nom qui est remplacé s'appelle **l'antécédent**.

La mandarine (antécédent) ***que*** (pronom relatif) ***j'ai mangée*** *est acide.* *Le livre* (antécédent) ***dont*** (pronom relatif) ***je te parle*** *est dans la bibliothèque.*

✓ Les pronoms relatifs **changent de forme** lorsqu'ils **changent de fonction**.

Le musée ***qui vient d'ouvrir*** *est très surprenant.*
qui : SUJET du verbe « vient »

Le musée ***que je visite*** *est très surprenant.*
que : COD du verbe « visite »

‖ Les pronoms relatifs peuvent être précédés d'une préposition.
L'élève ***à qui la maîtresse parle*** *s'appelle Arthur.*

Je repère

1 **Recopie les phrases. Souligne les pronoms relatifs.**

a. La télévision qui fonctionne dans le salon fait trop de bruit.
b. Papa a réparé la chaise qui était cassée.
c. L'aspirateur que tu utilises est neuf.
d. Nous avons rangé le lecteur CD que vous cherchez.

2 **Recopie les phrases. Souligne les pronoms relatifs et encadre leur antécédent.**

a. Le visiteur jette des cacahuètes au singe qui se précipite dessus.
b. Le pivert vole vers le tronc où il a vu un insecte.
c. L'astronome qui regarde une éclipse prend des précautions.
d. Le village dont tu parles est abandonné.

3 **Recopie le texte. Encadre les pronoms relatifs et souligne leur antécédent.**

En septembre 1991, un plongeur, Henri Cosquer, signala des peintures qu'il avait découvertes dans une grotte immergée. L'entrée se trouvait à 37 mètres sous le niveau actuel de la mer. Une galerie de 150 mètres donnait accès à une immense grotte dont le plafond était resté au-dessus du niveau de l'eau.

Histoire cycle 3, Magnard.

4 **Dans chaque phrase, on trouve un pronom relatif. Vrai ou faux ? Justifie ta réponse.**

a. L'athlète qui a battu le record du monde reçoit une médaille.
b. Le sport que je préfère est le rugby.
c. Le championnat oppose les équipes qui sont en tête de classement.
d. L'épreuve de natation se déroule dans la ville qui accueille les sportifs.

5 **Recopie chaque phrase. Souligne le pronom relatif *où* et précise s'il donne une indication de temps ou de lieu.**

a. Le loup affamé est arrivé à la maison de brique où vit l'un des trois petits cochons.
b. Le jour où il est passé par la cheminée, il s'est brûlé la queue.
c. Lucas est revenu l'année où il a beaucoup neigé.
d. La chaumière où les enfants se cachent se situe dans la clairière.

Je manipule

6 **Construis une seule phrase en utilisant un pronom relatif.**

a. L'avion sort son train d'atterrissage. L'avion s'approche de la piste.
b. La bicyclette a des freins puissants. J'ai acheté une bicyclette.
c. Le bateau part demain. Je te parle de ce bateau.
d. Je visite ce village. Je suis né dans ce village.

7 **Recopie les phrases et complète-les par le pronom qui convient.**

La muraille … tu vois entoure le château. Le chemin de ronde … les gardes empruntaient est effondré. Le seigneur habitait le donjon … dominait la basse-cour. Le puits … alimentait le château est maintenant bouché.

8 **Remplace les mots surlignés par un pronom relatif suivi d'un verbe conjugué au présent.**

a. J'observe les hirondelles s'envolant vers les pays chauds.
b. Il faut s'adresser au gardien accueillant les visiteurs.
c. Le chemin débouchant sur la plage passe dans la pinède.
d. La confiture mijotant depuis une heure embaume la cuisine.

9 **Réécris les phrases en utilisant les pronoms relatifs *que* ou *dont* pour éviter les répétitions.**

a. Le film a reçu un prix ; tu me parles de ce film.
b. L'histoire amuse les enfants ; la grand-mère raconte l'histoire.
c. Le chien mange la pâtée ; son maître a préparé la pâtée.
d. L'enfant a rangé les jouets ; il ne se sert plus des jouets.

10 **Construis des phrases en ajoutant un pronom relatif et en remplaçant l'adjectif en rouge.**

a. Gustave Eiffel a construit une tour métallique.
b. Saint-Malo est la ville natale du corsaire Surcouf.
c. Une couverture chauffante est placée sur le lit.
d. La mésange est un oiseau insectivore.

J'écris

11 Dico **Écris une définition pour chaque mot en utilisant un pronom relatif.**

panda

chêne

pyramide

tipi

Identifier les compléments essentiels

Je cherche

Dans son bureau, l'écrivain regarde sa feuille blanche. Ce matin, il cherche une idée. Depuis longtemps, il rêve d'écrire un grand roman. Actuellement, les livres célèbres parlent de vampires. Mais il ne les aime pas. Il préfère les récits d'aventures. Hier, il a écrit une lettre au navigateur vainqueur du Vendée Globe. Il lui a demandé une interview pour recueillir des informations.

1. Réécris le texte en supprimant tous les compléments qui ne sont pas essentiels.
2. Identifie la nature et la fonction des compléments que tu as dû garder.

Je retiens

✓ Je sais repérer **les compléments essentiels** :
- ce sont **des compléments obligatoires**,
- ils **complètent le verbe**,
- ils ne peuvent **ni être supprimés ni être déplacés** en début de phrase.

✓ Il existe **plusieurs compléments essentiels** :
- le COD, placé directement après le verbe : *Elle brosse **ses cheveux**.*
- le COI introduit par une préposition : *Elle pense **à sa grand-mère**.*

✓ Quand un verbe a **deux compléments d'objet**, le deuxième est appelé **Complément d'Objet Second (COS)** :
*Elle apporte une galette (COD) **à sa grand-mère** (COS). Elle parle de ses vacances (COI) **à sa grand-mère** (COS).*

✓ Les fonctions « COD » et « COI » peuvent être tenues par **un GN, un nom propre, un pronom** ou **un verbe à l'infinitif**.
*Tintin a **un chien** (COD). Tintin appelle **Milou** (COD). Tintin **le** (COD) caresse. Milou veut **manger** (COD).*

|| **Un pronom** qui a la fonction de **COD** est **placé avant le verbe** : *L'espion **le** (COD) surveille.*

Je repère

1 Recopie les phrases. Souligne les COD.
a. Tu possèdes un superbe parapluie.
b. Sur la scène, l'acteur remercie le public.
c. L'escargot aime la pluie.
d. Les thermomètres indiquent la température.

2 Recopie les phrases. Souligne les COI et entoure les prépositions.
a. L'enfant sourit à son grand-père.
b. L'élève oublie de coller sa feuille.
c. Nous pensons à préparer notre valise.
d. Ils rêvent de partir en voyage.

3 **Relève trois COD, deux COI et un COS dans le texte suivant.**

Le garagiste ouvre le capot de la voiture et écoute le ronronnement du moteur. Il demande un outil à un mécanicien. Il vérifie le radiateur. Ensuite il s'occupe de la courroie et la change. Il trouve la panne et prévient le propriétaire de la voiture. Il lui téléphone.

4 **Recopie les phrases. Souligne les pronoms COD.**

a. Je choisis une glace au chocolat et je la mange.
b. Le danseur tend les bras vers le ciel puis les replie.
c. Tu ouvres la fenêtre puis tu la refermes.
d. Prends ce cahier et pose-le ici.

5 **Tous les groupes de mots surlignés sont-ils des COD ? Justifie ta réponse.**

Tou-Ema ne pensa pas tout de suite aux attaques. Pendant des semaines, encore stupéfait et presque incrédule, il essaya les infinies diversités de son pouvoir. Il levait les mains, les mettait en mouvement, et le ciel de Motu Iti se remplissait de vols obéissants, de cris croisés. Il les posait doucement et, suspendant tout vol, les mouettes, comme neige printanière, descendaient sur le rocher.

R. Piumini, *Les mouettes de la vengeance*, Livre de Poche jeunesse.

6 **Recherche l'intrus. Justifie ta réponse.**

a. Élise écrit à son amie.
b. La grand-mère téléphone à sa petite fille.
c. Il habite à Paris.
d. Cette voiture plaît à mes parents.

Je manipule

7 **Complète les phrases avec un COD.**

a. Mon sac contient … .
b. Les oiseaux picorent … .
c. Ce lion poursuit … .
d. Le malade espère … .

8 **Complète les phrases par un COI.**

a. Le voisin se plaint … .
b. Je souris … .
c. Mon cousin se moque … .
d. Il pense … .
e. Le sportif rêve … .

9 **Utilise chacun des verbes pour construire une phrase avec un COD.**

ranger – lancer – donner – apporter

10 **Utilise le verbe *jouer* dans une phrase en respectant les constructions suivantes.**

a. jouer + COD
b. jouer + COI
c. jouer + COD + COS

11 **Réécris chaque phrase en utilisant un pronom pour éviter la répétition.**

a. Le chien voit le chat. Il poursuit le chat.
b. Il retire sa veste puis il pose sa veste sur le fauteuil.
c. La sorcière prépare la potion et avale la potion.
d. Le collégien aperçoit son camarade. Il salue son camarade.

12 **Réécris chaque phrase en remplaçant le pronom COD par un GN.**

a. Le vétérinaire les soigne.
b. Le jardinier la taille.
c. Les sapins les gardent en hiver.
d. Je l'achète chez le boulanger.
e. Le dompteur le dresse.

13 **Réécris chaque phrase en remplaçant le pronom COI par un GN.**

a. Je lui parle souvent.
b. Ma mère leur écrit chaque semaine.
c. La maîtresse leur distribue les livres.
d. Le chien lui apporte sa balle.

J'écris

14 **Écris un court texte pour décrire à quoi le chien pense. Tu utiliseras les verbes suivants : trouver – rêver de – cacher – creuser – décider de – offrir à.**

Distinguer les compléments circonstanciels : temps, lieu, manière et cause

Je cherche

Napoléon Bonaparte naît à Ajaccio en 1769. Au début du XIXe siècle, il se fait sacrer empereur des Français et prend le nom de Napoléon 1er. Il réorganise efficacement l'éducation, l'économie, la justice et le droit. Il cherche à développer son pouvoir. Cependant les guerres contre les pays voisins se succèdent. Longtemps vainqueur, Napoléon 1er décide d'envahir la Russie. Mais à cause des défaites en Russie et à Waterloo, l'empire qu'il a construit prend fin en 1815. Il est déporté et emprisonné par les Britanniques. Il meurt sur l'île de Sainte-Hélène.

1. Dans le texte, relève les groupes de mots qui répondent aux questions suivantes : Quand Napoléon Bonaparte naît-il ? Où est-il mort ? Comment réorganise-t-il l'éducation, l'économie ? Pourquoi son empire prend-il fin ?

2. Peux-tu déplacer ces groupes de mots dans la phrase ? Peux-tu les supprimer ?

Je retiens

✓ Je sais reconnaître **les compléments circonstanciels** :
- ils apportent **des informations supplémentaires** sur **les circonstances de l'action** exprimée par le verbe,
- ils peuvent être **déplacés** en début de phrase ou être **supprimés**.

✓ **La fonction « complément circonstanciel »** peut préciser :
- **le lieu** (CCL) : *L'élève a posé son cahier* ***sur le bureau****.* *(Où a-t-il posé son cahier ?)*
- **le temps** (CCT) : ***Avant la récréation****, nous chanterons. (Quand chanterons-nous ?)*
- **la manière** (CCM) : *L'animal avance* ***lentement****. (Comment l'animal avance-t-il ?)*
- **la cause** (CCC) : *Le mer est agitée* ***en raison du vent****. (Pourquoi la mer est-elle agitée ?)*

✓ **La fonction « complément circonstanciel »** peut être tenue par **un GN** ou **un adverbe**. ***Aujourd'hui****, tu travailles* ***dans la cuisine****.*

Certains compléments de temps et de lieu ne peuvent être ni supprimés ni déplacés.
Nina va au bord de l'océan. (CCL : au bord de l'océan) — *Les vacances dureront deux semaines.* (CCT : deux semaines)

Je repère

1 Recopie les phrases. Souligne les CCL en bleu et les CCT en vert. Relie-les au verbe qu'ils précisent.

a. Hier, il a plu abondamment à Brest.
b. Le soleil resplendit en Provence.
c. Une tornade s'est abattue sur la ville, dès le matin.
d. Souvent, pendant l'hiver, la neige perturbe la circulation.

2 **Recopie les phrases. Souligne les CCM en bleu et les CCC en vert. Relie-les au verbe qu'ils précisent.**

a. En raison du verglas, je conduis prudemment.
b. Le vieillard avance lentement à cause de ses rhumatismes.
c. L'enfant dépose les œufs avec soin, de crainte de les casser.
d. L'équipe gagnante crie de joie et se manifeste bruyamment.

3 **Indique la nature et la fonction des compléments surlignés.**

Il tira son pousse-pousse et se dirigea vers la ville basse. Il allait pensivement quand, passant près de l'entrée de la belle propriété, il s'entendit héler. Un jeune homme lui faisait signe d'approcher. Il était magnifiquement vêtu d'une robe couleur de soleil sur laquelle s'embrasaient des pivoines.

J.-C. Noguès, *Le génie du pousse-pousse*, Milan Jeunesse.

4 **Dans le texte, il y a au moins un CCT et un CCM. Vrai ou faux ? Justifie ta réponse.**

Au Moyen Âge, l'époque de Charlemagne devient légendaire. Au XIIe siècle, la Chanson de Roland raconte la mort du neveu de Charlemagne, le comte Roland, à Roncevaux. C'est une des plus anciennes chansons de geste, poème qui raconte les exploits guerriers des rois ou de chevaliers. Cette scène est fréquemment illustrée depuis le Moyen Âge.

Histoire cycle 3, Magnard.

5 **Recopie les phrases. Souligne les CC et indique ce qu'ils précisent.**

a. Le soir, ma mère prépare le repas avec soin.
b. Dans la cuisine, elle installe son matériel.
c. Les légumes cuisent à petit feu.
d. À cause des microbes, elle nettoie souvent ses mains sous le robinet.

6 **Relève dans le texte un CCT et un CCL.**

Les émissions sont généralement produites dans des studios de télévision, qu'elles soient enregistrées avant la diffusion ou filmées en direct. Elles comprennent parfois aussi des séquences extérieures.

S. Callery, *La grande encyclopédie 8-11 ans*, Rouge et Or.

7 **Compare ces deux phrases et explique-les.**

a. Je prends une photographie du pont.
b. Du pont, je prends une photographie.

Je manipule

8 **Écris les questions dont les expressions en rouge sont les réponses.**

Monsieur Loyal annonce **joyeusement** l'arrivée des clowns. Ils entrent bruyamment **sur la piste**. Puis les spectateurs éclatent de rire **en raison des pitreries des artistes**. **Plus tard** arrivent les jongleurs.

9 **Réécris les phrases en supprimant les CC .**

a. Jadis, les chevaliers portaient fièrement leur écu et leur lance.
b. Dans les châteaux, les seigneurs recevaient souvent des troubadours.
c. À cause des guerres fréquentes, les habitants n'étaient pas en sécurité dans leurs maisons.
d. Des fêtes étaient régulièrement organisées dans les villages.

10 **Ajoute un CC en respectant la nature demandée.**

a. La voiture freine. (adverbe)
b. L'autobus arrive. (GN)
c. Le cycliste se faufile. (GN)
d. Le piéton traverse. (adverbe)

11 **Ajoute un CC en respectant la fonction demandée.**

a. L'ordinateur fonctionne. (CCM)
b. Le réveil sonne. (CCT)
c. Le vent souffle. (CCL)
d. Les feuilles tombent. (CCC)

J'écris

12 **Écris un court texte pour décrire la scène. Tu utiliseras un CCT, un CCL, un CCM, un CCC.**

Identifier les fonctions de l'adjectif

Je cherche

Ce costume de théâtre est somptueux.
Il est lourd et ancien. Il paraît poussiéreux. Cependant, il reste superbe. Il ressemble à un habit de la Renaissance. Il est moins coloré que le costume d'Arlequin mais il est aussi solide que l'habit de Pierrot.
Ce splendide vêtement, qui appartient à l'acteur le plus âgé de la petite troupe de théâtre, attire de nombreux admirateurs.

1. **Relève les éléments qui te permettent de décrire le costume.**
2. **Réécris le texte en commençant par *Ces costumes de théâtre*. Que remarques-tu ?**
3. **Indique la fonction des mots écris en rouge.**
4. **Relève un groupe de mots ayant la même construction que celui qui est surligné.**

Je retiens

✓ Je sais identifier **les deux fonctions d'un adjectif : épithète et attribut du sujet.**

✓ Dans un GN, **l'adjectif** est « **épithète** » **du nom qu'il qualifie.**
- Il **s'accorde avec le nom** placé avant ou après lui.
- Il **peut généralement être supprimé.**
- Un nom peut avoir plusieurs adjectifs épithètes.

*La **terrible** (épithète) guêpe **asiatique** (épithète) s'infiltre dans la ruche. → La guêpe s'infiltre dans la ruche.*

✓ **L'adjectif** a la fonction « **attribut du sujet** » lorsqu'il est placé derrière **un verbe d'état.**
- Il **s'accorde avec le sujet.**
- Il **ne peut pas être supprimé.**
- Un sujet peut avoir plusieurs attributs du sujet.

*L'abeille (sujet) est **fragile** (attribut) mais **courageuse** (attribut). → Les abeilles sont **fragiles** mais **courageuses**.*

✓ Qu'il soit épithète ou attribut du sujet, **un adjectif** peut être **précédé par un adverbe d'intensité** (*peu, assez, très, plutôt…*) ou **de comparaison** (*plus que, aussi que, le plus…*).
*Il est très **bavard**. Tu es moins **bavard** que lui. Léo est le plus **bavard**.*

|| Je sais que **la fonction « attribut » ** peut aussi être tenue **par un groupe nominal.**
Ce vieux costume est un souvenir du passé.

Je repère

1 **Recopie les phrases. Souligne l'adjectif épithète. Encadre le nom qu'il qualifie.**

a. Un véhicule extraordinaire est dans la rue.
b. Ses pneus lumineux ne touchent pas le sol.
c. Les larges portières transparentes s'ouvrent au son de la voix.
d. Cette automobile écologique est étonnante.

2 **Indique la fonction des mots surlignés dans le texte.**

La France du XVIIe siècle est un grand pays agricole. Elle compte alors 20 millions de sujets. Cinq Français sur six sont des paysans. Souvent pauvres, ils exploitent une petite parcelle. Pour mieux vivre, ils ont souvent un autre métier et sont, par exemple, forgerons ou charpentiers. Il existe cependant des paysans riches, les laboureurs. Les nobles et les membres du clergé sont des privilégiés qui ne paient pas les impôts royaux.

Histoire Cycle 3, Magnard.

3 **Recopie le texte. Souligne les adjectifs attributs. Relie-les au nom qu'il qualifie.**

Enfin, le chanteur est sur la scène. Il paraît dynamique. Il commence sa première chanson. Elle est très rythmée et les spectateurs sont enthousiastes. Toute la salle applaudit. Dans son nouveau costume pailleté, l'artiste semble infatigable. Il restera célèbre longtemps.

4 **Recopie les phrases. Souligne les adjectifs. Indique leur fonction.**

a. Le renard apprivoisé est l'ami du Petit Prince.
b. Milou a l'air fatigué.
c. Rantanplan, le chien stupide de la bande dessinée, reste célèbre.
d. Dans le *Roman de Renart*, Ysengrin le loup est très naïf.

5 **Dans ce texte, relève deux adjectifs épithètes, un adjectif attribut du sujet et deux adjectifs précédés d'un adverbe de comparaison.**

Le lion est le plus grand des félins, après le tigre. Son corps est couvert d'un pelage épais. Pour se procurer leur nourriture, les lions chassent en groupe. Ils sont affectueux avec leurs petits, les lionceaux. Le lion adulte a une épaisse crinière sur la tête, le cou et les épaules ; la femelle nettement moins grosse que le mâle, n'en a pas.

R. Coupe, *Félins*, Gallimard.

Je manipule

6 **Complète chaque phrase par un adjectif attribut.**

a. L'artiste paraît … .
b. Le sable de la plage est … .
c. Voyager reste … .
d. Le potage devient … .

7 **Réécris chaque phrase en ajoutant des adjectifs épithètes.**

a. Le drapeau flotte dans le vent.
b. La fête a lieu en juillet.
c. L'orchestre s'installe sur la pelouse.
d. Les spectateurs arrivent près du chapiteau.

8 **Réécris chaque phrase en mettant le sujet au pluriel.**

a. L'exercice paraît long et difficile.
b. Mon cahier est mince.
c. L'élève devient attentif.
d. Cette leçon semble interminable.

9 **Réécris chaque phrase en ajoutant un adverbe d'intensité devant l'adjectif.**

a. Le cheval est obéissant.
b. Il réussit un beau parcours.
c. Heureux, le cavalier a gagné le concours.
d. La coupe est lourde et il la saisit d'une main.

10 **Réécris chaque phrase en remplaçant le verbe être par un autre verbe d'état.**

a. Malgré les médicaments, le malade est fatigué.
b. Sous le soleil, les vacanciers sont rouges.
c. Le Colisée est impressionnant.
d. Cette robe est trop grande.

J'écris

11 **Renseigne-toi sur la tour de Pise et écris un court texte pour décrire ce monument. Tu utiliseras des adjectifs épithètes et attributs du sujet.**

Identifier les expansions du nom

Je cherche

Le cake salé

Pour faire un cake salé, la recette que je vous propose est simple.
Il faut de la farine de froment, des œufs de poule, de l'huile de tournesol, de la levure chimique. On mélange ces différents ingrédients dans l'ordre donné puis on ajoute du gruyère râpé. Si l'on veut, il est possible d'ajouter des olives vertes ou noires ou des champignons de Paris.
Avant de verser la pâte mélangée dans le moule à cake, il faut le beurrer ou le tapisser avec du papier d'aluminium.

1. **Relève tous les groupes nominaux du texte. Souligne les éléments qui complètent le nom.**
2. **Classe ces éléments en trois ensembles.**
3. **Réécris le texte en supprimant toutes les expansions. Que remarques-tu ?**

Je retiens

✓ Je sais repérer **les expansions du nom** : elles **enrichissent un groupe nominal** en apportant une information, **une précision sur le nom.**

✓ Je connais la fonction **« épithète »** tenue par **l'adjectif placé avant** ou après le nom ; il **s'accorde en genre et en nombre** avec le nom auquel il se rapporte.
*La **petite** mouche **fragile** agace le cheval.*
GN

✓ Je connais la fonction **« complément du nom »** qui peut être tenue par :
- **un GN** relié au nom par **une préposition.**
  *Mes chaussures **en cuir** sont humides. La chemise **à rayures** est trop étroite.*
- **une proposition relative** qui commence par **un pronom relatif.**
  *Le fruit **que tu préfères** est la fraise des bois.*
- **un infinitif** relié au nom par **une préposition** : *une planche **à découper***

|| **Généralement** les expansions du nom sont **facultatives.** Cependant, dans certains cas elles sont essentielles : *L'étoile **de mer** appartient au milieu marin.*

Je repère

1 **Recopie les phrases. Souligne les expansions du nom.**

a. Les serviettes à carreaux sont dans le petit tiroir de la commode.
b. La voisine a acheté une belle robe en soie.
c. La chouette qui est un oiseau nocturne hulule dans la forêt.
d. La pluie de printemps arrose les plantes.

2 Relève les expansions du nom. Indique leur nature et leur fonction.

a. Le bateau de marchandises entre dans le fameux port de commerce.
b. Les petits voiliers qui naviguent ressemblent à une bande de poissons.
c. Les enfants recherchent des coquillages qui enrichiront leur collection.
d. Quelques véliplanchistes audacieux profitent de la force du vent.

3 Tous les mots surlignés sont-ils des expansions du nom ? Justifie ta réponse.

La nébuleuse d'Orion
C'est une région de l'espace où naissent de nouvelles étoiles. Dans cette partie de la nébuleuse, une jeune étoile baptisée LL Orionis provoque des rides et des vagues dans les nuages de gaz qui tourbillonnent autour d'elle.

S. Callery, *La grande encyclopédie 8-11 ans*, Rouge et Or.

4 Dans le texte, relève deux adjectifs épithètes, deux compléments du nom et une proposition relative, ainsi que les noms qu'ils enrichissent.

Pendant que le peintre paye les porteurs, qui reprennent leur souffle et s'épongent le front après l'effort de leur longue course, le jeune garçon observe les lieux. Une foule nombreuse se presse devant une immense porte encadrée d'échafaudages où sont empilés des tonnelets de saké, soigneusement emballés dans du papier de riz.

F. Place, *Le vieux fou de dessin*, Gallimard Jeunesse.

Je manipule

5 Enrichis chaque GN par un complément du nom.

a. Mon cahier est rangé.
b. Tu as perdu ton ballon.
c. Les pots sont dans le placard.
d. Le joueur a gagné la coupe.

6 Enrichis chaque GN par un adjectif épithète.

a. Tu as jeté ton sac.
b. Où sont mes chaussures ?
c. Mon frère a plié sa chemise.

7 Enrichis chaque GN en rouge par une proposition relative.

a. Le renard court dans le champ.
b. Le fermier a renfermé ses poules.
c. Son chien reste en éveil.
d. Il écoute tous les bruits.

8 Évite les répétitions en utilisant une proposition relative.

a. La boulangerie est face à l'école. Je vais chercher mon pain à la boulangerie.
b. Le roman est palpitant. Tu as lu le roman.
c. Le film est amusant. Je parle du film.
d. Le bus va en ville. Le bus est en retard.

9 Dico Réécris les phrases fantaisistes suivantes en changeant le complément du nom.

a. J'enveloppe le livre avec du papier d'aluminium.
b. Dans le brouillard, les marins utilisent une corne de rhinocéros.
c. L'opticien prépare une paire de couettes.
d. Pour paraître grande, je mets des chaussures de ski.

10 Dico Remplace chaque complément du nom par un adjectif épithète.

la culture des céréales – un magazine de sciences – une enquête de police – une température d'été – un lieu de tourisme.

11 Réécris le texte en supprimant les expansions du nom facultatives.

Les lynx et les caracals sont des félins qui se ressemblent et qui ont la taille de gros chats. Ils vivent aussi bien dans les montagnes enneigées que dans les forêts et même les déserts. Ils ont des pinceaux de poils aux oreilles, une queue courte et de larges pattes. Les lynx ont une ouïe très fine et un odorat très développé.

R. Coupe, *Félins*, Gallimard.

J'écris

12 Écris la recette du cake sucré en utilisant des expansions du nom.

Le présent des verbes du 1er groupe

Je cherche

Les marais salants

Fin mai début juin, le saunage commence. L'eau de mer arrive par un canal et s'écoule dans un grand bassin, le vasier, où elle se décante. La vase et les impuretés tombent dans le fond. L'eau circule ensuite dans une succession de bassins de moins en moins profonds. Puis, sous l'action du soleil et du vent, elle s'évapore pendant plusieurs semaines. La concentration en sel augmente. Une fine couche de sel recouvre alors la surface de l'eau. Le paludier procède à la récolte : il ramène le sel sur les bords avec une grande pelle, ensuite, il cueille le sel.

1. Dans le texte ci-dessus, relève les verbes conjugués au présent.

2. Donne l'infinitif de ces verbes et classe-les en fonction de leur groupe. Puis, cherche dans le tableau des verbes repères (p. 202-205) ceux qui se conjuguent de la même manière.

3. Choisis deux verbes du texte et conjugue-les en regroupant :
- les formes verbales qui se prononcent de la même manière,
- les formes verbales qui se prononcent et s'écrivent de la même manière,
- les autres formes verbales.

Je retiens

✓ **Le verbe** est formé **d'un radical et d'une terminaison**. La terminaison de **l'infinitif des verbes du 1er groupe** est « **-er** ».

✓ Pour conjuguer un verbe **au présent**, j'ajoute au radical **les terminaisons** suivantes :

*je ...-**e***	*tu ...-**es***	*il/elle/on ...-**e***
*nous ...-**ons***	*vous ...-**ez***	*il/elles ...-**ent***

✓ **La plupart des verbes du 1er groupe ont un seul radical**, mais je sais que :

• **les verbes en *-cer* et *-ger*** ont **un radical à l'oral** et **deux radicaux à l'écrit** :
*je **trace**, nous **traç**ons* — *je **range**, nous **range**ons*

• **les verbes** de type ***repérer, lever*** se conjuguent avec **deux radicaux**, à l'oral comme à l'écrit. Pour bien les écrire, je dois dire la forme verbale à l'oral :
*je **lève**, nous **lev**ons* — *je **repère**, nous **repér**ons*

‼ Je ne dois pas oublier que certaines formes verbales se prononcent de la même manière mais s'écrivent différemment : *je/il/elle/on pli**e**, tu pli**es**, ils/elles pli**ent***

Je repère

1 **Pour chaque verbe, écris les formes verbales qui se prononcent et qui s'écrivent de la même manière.**
cacher – acheter – ronger – déplacer – relever – mener

2 **Écris l'infinitif de chaque forme verbale.**
nous espérons – nous glaçons – j'aspire – tu préfères – vous glissez – il récupère – nous dévisageons – il se promène.

3 **Recopie les verbes et sépare le radical de la terminaison par un trait.**
a. tu ramènes – nous laçons – ils rangent – vous coupez – nous espérons
b. nous partageons – tu arrêtes – il allège – nous terminons – vous commencez

4 **Dans les tableaux p. 202-205, trouve un verbe repère qui se conjugue au présent comme :**
a. plier
b. promener
c. éponger
d. avaler
e. remplacer
f. préférer

5 **Trouve l'intrus dans chaque liste.**
a. il dessine – il place – il cueille – il oublie
b. nous lavons – nous enfermons – nous glissons – nous bondissons
c. tu remercies – ils corrigent – nous avançons – vous partagez

6 **Recopie uniquement les formes verbales du 1er groupe.**
tu regardes – il porte – nous prenons – vous longez – j'offre – ils partent – vous prenez – il oublie – ils ajoutent – il cueille

Je manipule

7 **Choisis la forme verbale qui convient.**
a. Mes parents l'(accompagnes/accompagne/accompagnent) à la gare.
b. Tu (complète/complètes/complètent) les phrases avec un adjectif.
c. Tu les (emmènes/emmène/emmènent) avec toi.
d. Le lustre (éclaires/éclaire/éclairent) les tables du restaurant.

8 **Recopie les phrases en les complétant avec le radical qui convient.**
a. Les élèves …ent un cercle sur leur feuille. (trac/traç)
b. Kaïna et moi …ons une grosse pierre. (soulèv/soulev)
c. Il …e l'itinéraire avant la course. (repèr/repér)
d. Nous …ons notre goûter. (partag/partage)
e. Ton sac …e trop lourd. (pes/pès)

9 **Conjugue les verbes aux 1res personnes du singulier et du pluriel.**
a. crever – voyager – oublier – oser
b. adresser – monter – lancer – remercier
c. percer – tromper – amener – charger

10 **Réécris ce texte au présent.**
Nous voyagions toujours de jour car mon père préférait ne pas conduire la nuit. Nous nous installions confortablement et bouclions nos ceintures. Très vite, le trajet nous semblait trop long et nous ne tardions pas à demander à boire ou à manger. Nous nous arrêtions sur les aires d'autoroute où nous mangions et nous amusions.

11 **Réécris ce texte au présent en commençant par tu.**
Mesurer un segment de 8 cm et le tracer. Repérer son milieu et l'indiquer par un point. Dessiner un cercle de 5 cm de rayon à partir de ce centre avec son compas. Recommencer un cercle de même rayon à chaque extrémité du segment pour obtenir trois cercles identiques. Effacer le segment de départ et colorier la figure obtenue.

12 **Réécris le texte de l'exercice précédent en commençant par vous.**

J'écris

13 **Choisis six verbes parmi ceux de la liste et rédige un petit texte au présent.**
répéter – se déplacer – réciter – bouger – se costumer – mimer – jouer – se lever

Le présent des verbes des 2e et 3e groupes

Je cherche

Fête foraine

sentir la barbe à papa • atteindre la cible • réussir à attraper le pompon sur le manège • faire un tour de manège • tenir la main de sa mère • craindre le train fantôme • vouloir monter dans les autos tamponneuses • prendre son ticket • rire • conduire l'auto tamponneuse • offrir son lot à son amie • promettre d'être sage • choisir son lot

1. Utilise les verbes écrits en vert dans des phrases au présent. Indique leur groupe.

2. Pour chaque verbe, cherche dans le tableau des verbes repères (p. 202-205) celui qui se conjugue de la même manière. Relève les terminaisons de chaque personne.

3. Écris les radicaux de chaque verbe, puis classe-les dans un tableau en fonction du nombre de radicaux.

4. Conjugue les verbes écrits en vert en regroupant :
- les formes verbales qui se prononcent de la même manière,
- les formes verbales qui se prononcent et s'écrivent de la même manière,
- les autres formes verbales.

Je retiens

✓ Tous **les verbes en « -ir »** qui ont **deux radicaux** du type ***fini-* et *finiss-*** sont des verbes **du 2e groupe**.

✓ **Le 3e groupe** est constitué des verbes qui ne font partie ni du 1er ni du 2e groupe.

✓ Pour conjuguer les verbes des 2e et 3e groupes **au présent**, j'ajoute au radical **les terminaisons** suivantes :

*je ...**-s***	*tu ...**-s***	*il/elle/on ...**-t***
*nous ...**-ons***	*vous ...**-ez***	*ils/elles ...**-ent*** ou ***-ont***

✓ Je dois connaître **les particularités de certains verbes du 3e groupe** :
- **les verbes** du type ***ouvrir*** ont les mêmes terminaisons au présent que les verbes du 1er groupe : *j'ouvre, tu ouvres, il/elle/on ouvre...*
- **les verbes *vouloir* et *pouvoir*** prennent un **« -x »** aux deux 1res personnes du singulier : *je peux, tu peux – je veux, tu veux*
- **les verbes *faire* et *dire*** ont la même particularité à la 2e personne du pluriel : *vous faites – vous dites*
- **les verbes** du type ***rendre, prendre* et *mettre*** n'ont aucune terminaison à la 3e personne du singulier : *elle prend – elle rend – elle met*

‼ Lorsque je conjugue l'un de ces verbes, je dois penser à identifier les formes verbales qui se prononcent de la même manière mais qui s'écrivent différemment.

Je repère

1 **Pour chaque verbe, écris les formes verbales qui se prononcent et s'écrivent de la même manière.**
sentir – mourir – défendre – rougir – joindre

2 **Écris l'infinitif de chaque forme verbale.**
nous peignons – nous construisons – j'atteins – tu deviens – vous apprenez – il entretient – nous recevons – il doit

3 **Recopie les verbes et sépare le radical de la terminaison par un trait.**
a. tu produis – nous devenons – ils reviennent – vous offrez – nous plaignons
b. nous sortons – tu réussis – il souffre – nous reconnaissons – vous choisissez

4 **Dans les tableaux p. 202-205, trouve un verbe repère qui se conjugue au présent comme :**
a. répondre
b. joindre
c. éponger
d. réunir
e. attendre
f. revenir

5 **Trouve l'intrus dans chaque liste.**
a. souffrir – descendre – venir – briller
b. nous réfléchissons – nous connaissons – nous envahissons – nous remplissons
c. ils baignent – elles craignent – ils plaignent – ils peignent

6 **Relève les verbes du 2e groupe et justifie ton choix.**
sentir – cueillir – venir – courir – atterrir – agir – découvrir – fleurir

Je manipule

7 **Classe les verbes dans le tableau suivant :**
rendre – rejoindre – dire – vouloir – sourire – garantir – partir – prendre – faire – venir – écrire – promettre – pouvoir – soutenir – courir

1 radical	2 radicaux	3 radicaux	4 radicaux

8 **Réécris ces phrases au présent.**
a. Tu revenais d'Australie.
b. Les élèves reviendront de classe verte.
c. Cet été, nous avons agrandi le poulailler.
d. Blanchette ne craindra pas le loup.

9 **Choisis le radical qui convient.**
a. Les impressionnistes ...ent des paysages. (pein-/peign-)
b. Vous ...ez vos amis à l'auberge. (rejoin-/rejoign-)
c. Sophie ...t la lumière. (étein-/éteign-)
d. De quoi te ...s-tu ? (plain-/plaign-)
e. Ma voisine ...t ses vêtements. (tein-/teign-)

10 **Réécris les phrases en commençant par la personne indiquée.**
a. Elle fait ses courses rapidement. → Vous
b. Je crains d'être en retard et je cours. → Ils
c. Vous ouvrez la porte en souriant. → Il
d. Tu reprends ton souffle et tu repars. → Elle
e. Je te rejoins pour aller au cinéma. → Nous

Je révise

11 **Réécris ce texte au présent.**
Soudain, l'élan se mit à fredonner. Tout doux pour commencer, puis de plus en plus fort. La table commença à vibrer. M. Breton la sentait frémir sous ses doigts chaque fois qu'il prenait une pomme. Mêlée aux senteurs de pomme, de raisins secs et de cannelle, la mélodie fit fondre le givre aux carreaux. Le soleil inonda la cuisine. Par-dessus l'odeur de compote, M. Breton crut détecter comme un parfum de sève et de fleurs. Puis il vit les fleurs pour de bon.

D. Pinkwater, *L'élan bleu*, Flammarion.

J'écris

12 **Écris un petit texte au présent à l'aide des verbes suivants :**
reconnaître – revenir – accueillir – descendre – attendre

L'imparfait des verbes du 1er groupe

Je cherche

En colonie de vacances, les enfants logent dans des tentes. Durant la journée, ils marchent en montagne et portent leur équipement dans un sac à dos. Ils se **déplacent** chaque jour, de camp en camp. Parfois ils restent deux jours au même endroit. Ils jouent et **soulèvent** des pierres pour chercher des lézards. Fatigués d'avoir trop couru, ils **s'allongent** dans l'herbe et se reposent. Les enfants plongent ensuite dans des ruisseaux avec plaisir.

1. **En t'aidant des tableaux des verbes repères, p. 202-205, réécris ce texte à l'imparfait, puis souligne les verbes du 1er groupe.**

2. **À l'aide du tableau des verbes repères, conjugue les verbes écrits en vert en regroupant :**
- **les formes verbales qui se prononcent de la même manière,**
- **les formes verbales qui se prononcent et s'écrivent de la même manière,**
- **les autres formes verbales.**

3. **Entoure la terminaison et souligne le radical des formes verbales obtenues à la question 2. À quelles personnes du présent retrouves-tu ce radical ?**

4. **Dans les tableaux des verbes repères, compare les terminaisons des verbes au présent et à l'imparfait, puis relève ce qui est identique.**

Je retiens

✓ Pour conjuguer à **l'imparfait les verbes du 1er groupe**, j'ajoute **au radical la terminaison** formée de :
- **la marque de temps :** *-ai-* **ou** *-i-*
- **les marques de personne :** *-s, -s, -t, -ons, -ez, -ent*

✓ **Pour les verbes** qui finissent **en « -cer » et « -ger »**, j'utilise **deux radicaux à l'écrit** :
*je **traç**ais, nous **trac**ions* — *je **range**ais, nous **rang**ions*

✓ Pour conjuguer à **l'imparfait les verbes de type *lever* et *repérer*, j'utilise le radical de la 1re personne du pluriel du présent :**
*nous **lev**ons* → *je **lev**ais* (présent → imparfait) — *nous **repér**ons* → *je **repér**ais* (présent → imparfait)

Je dois savoir qu'aux deux premières personnes du pluriel, **les verbes en « -ier »** prennent **deux « i »** : *nous pliions, vous pliiez*
Je ne dois pas oublier que certaines formes verbales se prononcent de manière identique mais s'écrivent différemment : *je/tu pli**ais**, il/elle/on pli**ait**, ils/elles pli**aient***

Je repère

1 **Pour chaque verbe, écris les formes verbales de l'imparfait qui se prononcent de la même manière.**
prolonger – skier – parsemer – forcer – peser – remuer

2 **Écris l'infinitif de chaque forme verbale.**
tu libérais – nous effectuions – j'achetais – tu espérais – nous exigions – ils traçaient

3 **Recopie les phrases dans lesquelles le verbe est conjugué à l'imparfait.**
a. Nous plions la tente.
b. Nous partageons le segment en quatre.
c. Je hissai la voile et je filai vers le large.
d. Vous rédigiez vos mémoires.
e. Les pompiers s'entraînaient à la piscine.

4 **Recopie les verbes et sépare le radical de la terminaison par un trait.**
a. tu rangeais – nous lacions – ils piégeaient – vous coloriiez – nous nous promenions
b. nous protégions – tu fonçais – il dégageait – nous terminions – vous commenciez

5 **Dans les tableaux p. 202-205, trouve le verbe repère qui se conjugue à l'imparfait comme :**
a. assiéger
b. élever
c. prononcer
d. fatiguer

6 **Trouve l'intrus dans chaque liste.**
a. ils pariaient – tu reliais – il oubliait – nous plions
b. nous laverions – vous hésitiez – tu inspirais – j'osais
c. ils hurlaient – je dirigeai – nous jugions – tu traçais

Je manipule

7 **Choisis la forme verbale qui convient.**
a. Les élèves (trouvais/trouvait/trouvaient) la marche trop longue.
b. Tu (dégageais/dégageait/dégageaient) l'objet du sol.
c. Mon frère se (contentais/contentait/contentaient) du moindre effort.
d. Tu les (préférais/préférait/préféraient) cuisinées à la sauce tomate.
e. Je vous (entourais/entouraient/entourez) de mes bras.

8 **Réécris les phrases en commençant par la personne indiquée.**
a. Je modifiais ma trajectoire. → Vous ...
b. Vous participiez à la course. → Nous ...
c. Nous commencions en retard. → Je ...
d. Vous logiez près de la mairie. → Tu ...

9 **Réécris les phrases à l'imparfait.**
a. Nous respirons un air pollué.
b. Il renonce à venir avec nous.
c. Vous publiez un livre intéressant.
d. Tu pièges les lapins.

10 **Choisis le radical qui convient.**
a. Il ...ait ses chaussures. (lac/laç)
b. Nous nous ...ions tard. (lev/lèv)
c. Elle ...ait des chèvres. (élev/élèv)
d. Je ...ais des graines. (sem/sèm)

11 **Réécris ce texte à l'imparfait.**
Monsieur Edouard se penche alors vers Momo et lui parle dans le creux de l'oreille. Momo pousse des oh ! et des ah ! de stupéfaction. Puis, ils se lèvent tous deux et Momo emmène son grand chambellan à la découverte de sa principauté.

Y. Hassan, *Momo, petit prince des bleuets*, Syros.

12 **Réécris ce texte à l'imparfait.**
Tous les étés, nous réservons une maison à la mer. Mes parents achètent des billets de train dès le mois de mars et nous annoncent la destination. Le jour venu, nous montons dans les wagons. Le train n'avance jamais assez vite ! Puis, nous voyageons en car jusqu'au village et marchons jusqu'à la maison.

13 **Réécris le texte de l'exercice précédent à l'imparfait en commençant par « Tous les étés, ils... »**

J'écris

14 **Écris un court texte en utilisant les verbes suivants à l'imparfait :**
étouffer – s'allonger – fermer – croiser – rêver – se reposer

La sieste, Vincent Van Gogh, 1890.

Le futur des verbes du 1er groupe

Je cherche

Du nord-est à l'Auvergne, les nuages dominent et déversent quelques gouttes de pluie. L'après-midi ces ondées **se raréfient** et les éclaircies **commencent** à s'élargir. Du nord de la Seine au centre, des cumulus se forment mais laissent encore une belle place aux éclaircies. Le risque d'ondées reste très isolé, plutôt réservé aux frontières du nord. Dans le sud du pays, le vent souffle entre 70 et 80 km/h. Sous l'influence des vents marins, la journée **s'achève** sous la grisaille.

1. En t'aidant des tableaux des verbes (p. 202-205), réécris ce texte au futur.
2. À l'aide du tableau des verbes repères, conjugue les verbes écrits en vert au futur en regroupant :
   – les formes verbales qui se prononcent de la même manière,
   – les autres formes verbales.
3. Entoure la terminaison et souligne le radical de chaque forme verbale obtenue.
4. Existe-t-il des points communs entre les terminaisons du futur et celles des temps déjà étudiés ?

Je retiens

✓ **Au futur, les verbes du 1er groupe conservent le même radical.**

✓ Pour conjuguer ces verbes **au futur**, j'ajoute **au radical la terminaison** formée de :
- **la marque du temps :** *-er-*
- **les marques de personne :** *-ai*, *-as*, *-a*, *-ons*, *-ez*, *-ont*

✓ Pour les verbes de type ***lever*** et ***repérer***, j'utilise **le radical du la 1re personne du singulier du présent.**

je lève → *je lèverai* (présent → futur)   *je repère* → *je repèrerai* (présent → futur)

✓ Pour les verbes en « **-ier** » et « **-uer** », je n'oublie pas d'écrire *-er-* comme marque de temps : *je plierai, je remuerai, je nouerai*

Je ne dois pas oublier que certaines formes verbales se prononcent de manière identique mais s'écrivent différemment :
tu plieras, il/elle/on pliera   *nous plierons, ils/elles plieront*

Je repère

1 **Pour chaque verbe, écris les formes verbales du futur qui se prononcent de la même manière.**
visiter – nouer – oublier – amuser – fêter – marquer

2 Recopie les formes verbales qui sont au futur.

je mangeai – il pliera – tu admireras – nous désirions – ils verseront – tu demandas – je chercherai – elle signa – je tracerai – nous coupons – elles signaleront – vous animez

3 Recopie les verbes et sépare le radical de la terminaison par un trait.

a. ils sonneront – tu joueras – vous démarrerez – je lancerai
b. elle mènera – on élèvera – nous remuerons – elles crieront

4 Dans le texte suivant, recopie les verbes qui sont au futur.

Comme tous les matins, mon père me dit :
« En partant, tu penseras à bien fermer la porte à clé. Tu n'oublieras pas ?
– Non, Papa. Tu peux partir tranquille. »
Puis en regardant mes frères :
« Vous débarrasserez bien la table du petit déjeuner. Vous passerez aussi voir votre grand-mère. À ce soir ! »

5 Trouve l'intrus dans chaque liste.

a. il aimera – elle dansa – on écoutera – il comptera
b. vous confierez – vous publierez – vous offrirez – vous scierez
c. tu courras – tu joueras – tu loueras – tu avoueras

Je manipule

6 Complète avec un GN ou un pronom qui convient.

a. ... complèterons le rang.
b. ... compteront sur leurs doigts.
c. ... dessineras un quadrillage.
d. ... tournera à droite puis à gauche.
e. ... lui indiquerez le chemin.
f. ... emprunterai un livre.

7 Écris le radical qui convient.

a. Les pêcheurs ...eront leurs filets. (relev-/relèv-)
b. Le tigre affamé ...era sa proie. (repér-/repèr-)
c. Tu ...eras ton petit frère à la piscine. (emmen-/emmèn-)
d. Nous ...erons les fruits avant de les manger. (pel-/pèl-)
e. Qui ...era le pain ? (achet-/achèt-)

8 Choisis la forme verbale qui convient.

a À quelle heure te (coucheras/couchera)-tu ?
b. L'orage (éclateras/éclatera) dans quelques minutes.
c. Au signal, les voitures (démarrerons/démarreront).
d. Je t'(inviterai/inviterez) à mon anniversaire.

9 Réécris les phrases au futur.

a. Le facteur déposait le courrier avant midi.
b. Les lentilles germent vite dans du coton.
c. Nous arrivons trop tard.
d. Tu récupérais tes affaires dans le vestiaire.

10 Réécris les phrases au futur.

a. Les enfants jouent dans leur chambre.
b. Mon père loue un garage pour sa voiture.
c. Nous n'oublions pas de dire au revoir.
d. Je remercie mes amis pour cette idée.
e. Le public apprécie la représentation.

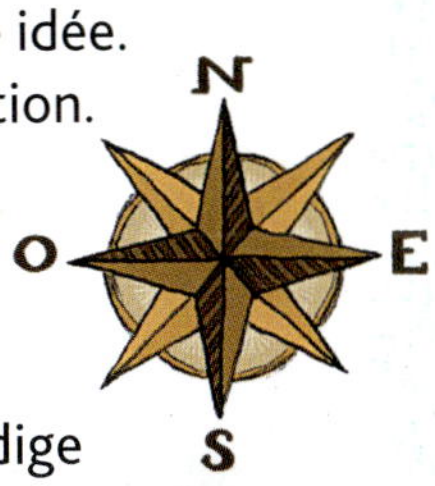

11 Réécris le texte au futur à la 2e personne du singulier.

Sur la première carte, observe le parcours qui mène au trésor. Rédige l'itinéraire en t'aidant de la rose des vents : une case vers le sud ; une case vers l'est... Puis pose un calque sur la seconde carte et trace le parcours qui mène au trésor. Soigne ton tracé.

12 Réécris cet énoncé en conjuguant les verbes au futur à la 2e personne du pluriel.

J'écris

13 Ton petit frère va entrer au CP. Pour le rassurer, tu lui expliques comment ses journées vont se dérouler, en utilisant ces verbes au futur.

travailler – écouter – chanter – réciter – dessiner – préparer – parler – porter

Le futur des verbes des 2e et 3e groupes

Je cherche

1. Relève les verbes et écris-les à l'infinitif. Classe-les en fonction du groupe auquel ils appartiennent.

2. Parmi ces verbes, choisis-en un du 2e groupe et un du 3e groupe et conjugue-les au futur, à l'aide du tableau des verbes repères (p. 202-205), en regroupant :
– les formes verbales qui se prononcent de la même façon,
– les autres formes verbales.

3. Observe tous les verbes du 3e groupe dans le tableau des verbes, ont-ils un ou plusieurs radicaux ? Quelle est la marque de temps pour les verbes des 2e et 3e groupes ?

4. Existe-t-il des points communs entre les terminaisons du futur et celles des temps déjà étudiés ?

Je retiens

✓ **Au futur, les verbes des 2e et 3e groupes conservent le même radical.**

✓ Pour conjuguer ces verbes **au futur**, j'ajoute **au radical la terminaison formée de :**
- **la marque de temps :** *-r-*
- **les marques de personne :** *-ai*, *-as*, *-a*, *-ons*, *-ez*, *-ont*

Je ne dois pas oublier que certaines formes verbales se prononcent de manière identique mais s'écrivent différemment :
*tu fini**ras**, il/elle/on fini**ra*** — *nous fini**rons**, ils/elles fini**ront***
*tu peind**ras**, il/elle/on peind**ra*** — *nous peind**rons**, ils/elles peind**ront***

Je repère

1 **Pour chaque verbe, écris les formes verbales du futur qui se prononcent de la même manière.**

obtenir – contraindre – réfléchir – endormir – cueillir – faire

2 **Recopie les formes verbales qui sont au futur et donne leur infinitif.**

tu peindras – nous écrirons – je me souvenai – ils vont – vous découvriez – j'attendrai – il réunira – nous résoudrons – vous obéissiez – nous admettrons – vous irez – tu joindras

3 **Recopie les phrases dans lesquelles le verbe est conjugué au futur.**

a. Ses efforts produiront des résultats.
b. Tu devrais attendre ton ami.
c. Nous ne voudrions pas vous ennuyer.
d. Les maçons agrandiront la maison.
e. Je courrai le marathon.

4 **Recopie les verbes et sépare le radical de la terminaison par un trait.**

a. nous parviendrons – tu craindras – ils appartiendront – vous ferez – je prévoirai
b. nous reprendrons – vous offrirez – il descendra – tu dormiras – elle vivra

5 **Dans les tableaux p. 202-205, trouve le verbe repère qui se conjugue à l'imparfait comme :**

a. parvenir
b. contredire
c. agir
d. retenir
e. soumettre
f. prendre

6 **Trouve l'intrus dans chaque liste.**

a. ils couvriront – je conviendrai – il promettra – nous agirons
b. nous retiendrons – vous poursuiviez – tu boiras – elle fera

Je manipule

7 **Complète avec un GN ou un pronom qui convient.**

a. … iront en classe le mercredi.
b. … rirons de bon cœur.
c. … rendrai les livres à la bibliothèque.
d. … prendrez des médicaments le soir.
e. … peindras un portrait de femme.
f. … peindra la Joconde en 1503.

8 **Choisis la forme verbale qui convient.**

a. Tu nous (rejoindras/rejoindra) après.
b. Mes parents ne (viendrons/viendront) pas avec nous.
c. (Pourras/Pourra)-t-il manger ici ?
d. Nous les (mettrons/mettront) dans nos poches.
e. Ils nous (prévoirons/prévoiront) à boire.
f. Le professeur (réuniras/réunira) les parents.

9 **Réécris les phrases au futur.**

a. Les romains envahissent la Gaule.
b. Les élèves de CM2 apprennent les échecs.
c. Le chercheur conclut son exposé.
d. Tu interromps les autres.
e. Vous tenez vos bras en l'air.

10 **Réécris les phrases au futur.**

a. Mon père et moi faisons la cuisine ensemble.
b. Tu dis ce que tu veux à tes amis.
c. La chèvre peut brouter à son aise.
d. Je vois ce que je mets dans mon sac.
e. Vous choisissez quand vous venez nous voir.

Je révise

11 **Réécris ce texte au futur.**

Pour faire du papier recyclé, tu prends du papier journal que tu déchires en lambeaux. Tu le mets à tremper, tu attends deux jours, puis tu le réduis en bouillie à l'aide d'un mixeur. Tu étends une louche de ce mélange sur une grille fine, tu retournes la grille pour détacher la feuille et tu la fais sécher.

12 **Réécris le texte de l'exercice précédent au futur en commençant par :**

a. Pour faire du papier recyclé, vous …
b. Pour faire du papier recyclé, je …

J'écris

13 **Imagine une matinée au collège. Écris un petit texte en utilisant six des verbes suivants au futur.**

mettre – aller – devoir – apprendre – écrire – comprendre – réussir – réfléchir – obtenir

Le passé simple des verbes du 2e groupe

Je cherche

Texte A

Des gazelles jaillirent d'un taillis et aussitôt le lionceau, tapi dans l'herbe haute, bondit sur l'une d'elles qui gémit de douleur. La lionne, fière de son petit chasseur, rugit. Son cri retentit dans toute la savane. Les autres gazelles réussirent à s'enfuir.

Texte B

Des gazelles jaillissent d'un taillis et aussitôt le lionceau, tapi dans l'herbe haute, bondit sur l'une d'elles qui gémit de douleur. La lionne, fière de son petit chasseur, rugit. Son cri retentit dans toute la savane. Les autres gazelles réussissent à s'enfuir.

1. À quels temps sont écrits ces deux textes ? Justifie ta réponse.

2. En t'aidant des tableaux des verbes repères (p. 202-205), choisis un verbe du 2e groupe dans le texte et conjugue-le en regroupant :
- les formes verbales qui se prononcent de la même manière,
- les formes verbales qui se prononcent et s'écrivent de la même manière,
- les autres formes verbales.

3. Relève les formes verbales qui se prononcent et s'écrivent de la même manière au présent et au passé simple.

Je retiens

✓ Pour conjuguer **un verbe du 2e groupe au passé simple**, j'ajoute **au radical les terminaisons** suivantes :
*je …-**is**, tu …-**is**, il/elle/on …-**it**, nous …-**îmes**, vous …-**îtes**, ils/elles …-**irent***

✓ Je remarque qu'**aux trois premières personnes du singulier**, les formes verbales du passé simple sont **identiques** aux formes **du présent**. Pour distinguer ces deux temps dans un texte, je m'appuie sur le contexte.

‖ Je ne dois pas oublier que certaines formes verbales se prononcent de la même manière mais s'écrivent différemment : *je/tu fin**is**, il/elle/on fin**it***

Je repère

1 Pour chaque verbe, écris les formes verbales du passé simple qui se prononcent de la même manière.

a. rebondir
b. bâtir
c. avertir
d. réfléchir
e. réussir
f. grandir

2 Pour chaque verbe, écris les formes verbales du passé simple qui se prononcent et s'écrivent de la même manière.

a. unir
b. vernir
c. pâlir
d. pétrir
e. fleurir
f. nourrir

3 **Recopie les phrases qui sont au passé simple.**
a. Il courut toute la nuit.
b. Je saluais mes amis au passage.
c. Ils ouvrirent le pont-levis rapidement.
d. Il devint rapidement aussi grand que son frère.
e. Nous écrivions nos lettres avec entrain.
f. Tu combattis tes ennemis avec courage.

4 **Relève les verbes au passé simple.**
Les lumières s'éteignirent et le vieux vagabond disparut… Une couronne d'or et d'argent s'alluma mystérieusement, éclaboussant d'étincelles la scène vide, jetant des lueurs dans les yeux des spectateurs, puis l'obscurité se fit, une odeur de poudre flottait dans le théâtre et les applaudissements fusèrent.

M. Delerm, *Crime en coulisses*, Magnard jeunesse.

5 **Recopie les verbes et sépare le radical de la terminaison par un trait.**
nous disparûmes – il répondit – tu transmis – je déçus – ils entendirent – il suivit – vous traduîtes

6 **Trouve l'intrus et justifie ta réponse.**
a. j'écrivis – ils offrirent – tu conçus – nous revêtions
b. tu naquis – j'ouvris – elle prit – tu fis – elle trie
c. ils omirent – vous transmettiez – nous pûmes – il étendit

Je manipule

7 **Conjugue ces verbes aux 3es personnes du singulier et du pluriel du passé simple. Tu peux t'aider du tableau des verbes p. 202-205.**
retenir – parvenir – prédire – pouvoir

8 **Réécris ces phrases en commençant par la personne indiquée**
a. Il voulut repartir le matin même. → Ils …
b. Vous remîtes vos travaux au lendemain. → Je …
c. Tu pars vers l'aventure. → Ils …
d. Je voulus attendre et ne me plaignis pas du retard. → Ils …
e. Tu vendis tes marchandises et obtins beaucoup d'argent. → Il …

9 **Complète les phrases avec un GN ou un pronom personnel qui convient.**
a. … fis des efforts toute l'année.
b. … confondirent les renards et les loups.
c. … recueillîmes ces orphelins à la maison.
d. … reprit du dessert trois fois.
e. … nous valurent des compliments.

10 **Réécris ces phrases en commençant par la personne indiquée.**
a. Il ouvrit la fenêtre et surprit les pies. → Ils …
b. Tu peignis ta chambre en bleu. → Vous …
c. Elle mordit son frère. → Elles …
d. Ils comprirent aussitôt l'exercice. → Il …
e. Nous obtînmes les meilleures places. → Ils …

11 **Réécris les phrases au passé simple.**
a. Je sais ce texte par cœur.
b. Nous rendons nos livres à la bibliothèque.
c. Les voyageurs rejoignent leurs places.
d. Les navigateurs découvrent de nouveaux continents.
e. Le gentilhomme va au théâtre et applaudit les comédiens.

12 **Réécris les phrases au passé simple.**
a. Nous soutenons les manifestants dans leur action.
b. L'artiste peint un paysage et l'offre à son ami.
c. Vous commettez peu d'erreurs.
d. Elles voient leurs parents au loin.
e. Nous entendons le tonnerre gronder dans la vallée.

J'écris

13 **Réécris ce texte au passé simple.**
Un matin, un jeune bûcheron met sa veste, prend sa hache et va dans la forêt. Il aperçoit un très vieux chêne et l'abat. Puis il réduit l'arbre en bûches. Ensuite, il fait des fagots de petites branches, et part pour le marché où il vend le bois un bon prix.

Les verbes *avoir*, *être* et *aller* aux temps simples de l'indicatif

Je cherche

tu es — ils étaient — on eut — tu as — il alla
tu vas — j'avais — nous serons — j'allais — nous aurons
j'eus — il ira — elles auront — il a — il fut — tu seras

1. Classe les formes verbales des verbes *avoir*, *être* et *aller* selon le temps auquel ils sont conjugués.

2. En t'aidant du tableau des verbes repères (p. 202-205), relève les formes verbales de ces trois verbes qui se prononcent de la même manière aux quatre temps simples de l'indicatif.

3. Souligne celles qui se prononcent et qui s'écrivent de la même manière.

4. Quels sont les points communs entre les terminaisons de ces verbes et celles des verbes déjà étudiés aux temps simples ?

Je retiens

✓ **Au présent**, le radical des verbes ***être***, ***avoir*** et ***aller*** change beaucoup.

✓ **À l'imparfait** et **au futur**, ils n'ont qu'**un seul radical** et les mêmes terminaisons que les autres verbes.

*j'ét**ais*** / *je ser**ai*** (imparfait / futur) — *j'av**ais*** / *j'aur**ai*** (imparfait / futur) — *j'all**ais*** / *j'ir**ai*** (imparfait / futur)

✓ Pour conjuguer les verbes ***être*** et ***avoir*** **au passé simple**, j'utilise les terminaisons suivantes : **-us**, **-us**, **-ut**, **-ûmes**, **-ûtes**, **urent**

je fus, il fut, ils furent … *j'eus, il eut, ils eurent …*

✓ **Au passé simple**, le verbe ***aller*** se conjugue comme les verbes du 1er groupe : ***-ai***, ***-as***, ***-a***, ***-âmes***, ***-âtes***, ***-èrent***

j'allai, il alla, ils allèrent…

‖ Je ne dois pas oublier que certaines formes verbales se prononcent de la même manière mais s'écrivent différemment.

Je repère

1 **Recopie les phrases suivantes, souligne les verbes et indique leur infinitif.**

a. Il était une fois un roi qui avait trois fils.

b. La grenouille eut peur.

c. Demain, nous irons au cinéma.

d. Ils furent heureux et eurent beaucoup d'enfants.

2 **Recopie les phrases suivantes, souligne les verbes et indique le temps auquel ils sont conjugués.**

a. Nous serons en retard et nous serons punis.
b. J'ai de la route à faire quand je vais à la piscine.
c. Vous serez grands quand vous irez là-bas.
d. Il alla vers la mer et fit de belles rencontres.
e. Quand vous avez raison, vous êtes sûrs de vous.

3 **Trouve l'intrus et justifie ta réponse.**

a. il avait – ils étaient – nous allions – vous serez
b. j'eus – il fut – vous alliez – ils allèrent
c. nous allons – je serai – nous aurons – vous irez
d. vous êtes – nous sommes – vous allez – ils allaient
e. tu fus – ils furent – j'allais – tu allas

Je manipule

4 **Écris les formes verbales qui se prononcent de la même manière que ces formes verbales.**

a. nous irons – tu as
b. j'avais – tu étais
c. tu iras – il est

5 **Réécris les phrases suivantes en mettant les sujets au pluriel.**

a. Il allait au collège.
b. Elle avait beaucoup de courage.
c. L'herbe est sèche.
d. Le bateau va partir.

6 **Réécris les phrases suivantes en mettant les sujets au singulier.**

a. Les navigateurs sont sur le quai.
b. Les athlètes avaient chaud.
c. Les skieurs allaient vite : ils étaient bien entraînés .
d. Les cyclistes ont un beau maillot.

7 **Réécris ces phrases au présent.**

a. Il aura une voiture et ira en vacances en Corse.
b. Vous aviez un rhume et vous étiez fiévreux.
c. Nous aurons peur mais nous serons courageux.
d. Tu allais vite mais tu avais du retard.
e. Je n'étais qu'en deuxième position mais j'allais remonter mon score.

8 **Réécris ces phrases à l'imparfait.**

a. Aura-t-il des surprises ou sera-t-il déçu ?
b. Il est myope et il a des lunettes.
c. Ont-ils le choix ou sont-ils obligés d'y aller ?
d. Vous aurez votre chambre et serez au calme.

9 **Réécris ces phrases au futur.**

a. J'ai mes billes et je vais jouer dans la cour.
b. Tu vas dans ta chambre et tu es calme.
c. Vous allez au théâtre et vous êtes captivé par la pièce.
d. Nous sommes déçus et nous avons du chagrin.

10 **Réécris ces phrases au passé simple.**

a. Il avait de la chance : il allait en voyage.
b. Elles sont perdues dans le désert et ont soif.
c. Tu étais notre ami et tu allais en ville avec nous.
d. Elle ira au restaurant et sera ravie.

11 **Complète les phrases avec les verbes avoir, être ou aller au temps qui convient.**

a. Jeudi prochain, il ... voir ses cousins et ... une surprise.
b. Quand elle ... petite, elle ... toujours d'étranges maladies.
c. À cette époque, il ... peu d'argent, mais il ... quand même au théâtre toutes les semaines.
d. L'an prochain, tu ... au collège et ... plusieurs professeurs.

J'écris

12 **Rédige un texte qui raconte la vignette de BD en utilisant au moins une fois les verbes être, avoir et aller.**

Astérix Légionnaire © 2012 éditions Albert René/Goscinny – Uderzo.

La particularité des verbes en -yer, -eter et -eler

Je cherche

j'achète nous achetons	tu paies vous payez	elle projette nous projetons	on balaye vous balayez
tu congèles vous congelez	tu épèles vous épelez	il essuie nous essuyons	je renvoie nous renvoyons

1. À quel temps ces verbes sont-ils conjugués ? Donne leur infinitif.

2. Observe le radical de chaque forme verbale. Que remarques-tu ?

3. Cherche dans les tableaux des verbes repères (p. 202-205), les verbes qui se conjuguent comme les verbes ci-dessus aux autres temps simples. Observe leur radical et leur terminaison. Peut-on dire que le radical des verbes change de la même manière qu'au présent ? Justifie ta réponse.

Je retiens

✓ Les verbes en ***-eter*** et ***-eler*** sont des **verbes du 1er groupe**. Ils ont **deux radicaux** à l'oral et à l'écrit au présent : ils se conjuguent tous comme ***acheter*** et ***peler****.
*j'**achète** – nous **achetons*** *je **pèle** – nous **pelons***

✓ Je dois savoir que ***appeler*** et ***jeter*** (et les verbes de la même famille) sont les seuls verbes qui **doublent la consonne finale du radical** devant **un « e » muet**.
*j'**appelle** – nous **appelons*** *je **jette** – nous **jetons***

✓ Les verbes en ***-yer*** **s'écrivent avec un « i »** quand il est suivi d'**un « e » muet**.
*j'**appuie** – nous **appuyons*** *j'**aboie** – nous **aboyons***

✓ Les verbes de type ***essayer*** peuvent s'écrire de deux manières différentes.
Mais je ne les prononce pas de la même façon : *j'essaye* [esɛj] ou *j'essaie* [esɛ]

Pour bien conjuguer ces verbes, je dis le radical à l'oral avant de l'écrire.
*j'**achet**ais, j'**achèt**erai, j'**achet**ai* *je **pel**ais, je **pèl**erai, je **pel**ai*
*j'**appuy**ais, j'**appui**erai, j'**appuy**ai* *j'**essay**ais, j'**essai**erai* ou *j'**essay**erai, j'**essay**ai*

* *Les règles de conjugaison de ces verbes ont été simplifiées avec la nouvelle réforme de l'orthographe. Tu peux encore rencontrer dans tes livres l'ancienne orthographe : je feuillette, tu épelles.*

Je repère

1 **Recopie les verbes et sépare le radical de la terminaison par un trait.**
nous attelons – il déploie – il cliquète – nous nous apitoyons – ils essuient – nous payons – il appelle

2 **Écris l'infinitif de chaque forme verbale.**
j'ensorcèle – tu appuies – elle tournoie – tu feuillètes – ils essaient – vous ficelez

3 **Pour chaque verbe, écris les formes verbales du présent qui se prononcent de la même manière.**
a. rappeler
b. épeler
c. essuyer
d. projeter

4 **Pour chaque verbe, écris les formes verbales du présent qui se prononcent de la même manière.**
a. payer
b. ennuyer
c. employer
d. envoyer

5 **Trouve l'intrus dans chaque liste.**
a. étiqueter – feuilleter – rejeter – acheter
b. nous noyons – nous employons – nous croyons – nous côtoyons
c. ils essuient – ils pressaient – ils essaient – ils envoient
d. vous épelez – vous rappelez – vous gelez – vous ensorcelez

Je manipule

6 **Choisis le radical qui convient.**
a. Je m' ...e souvent l'hiver. (ennui-/ennuy-)
b. J' ...e des chaussures. (essai-/essay-)
c. Il s'...e le visage avec sa manche. (essui-/essuy-)
d. J' ...e sur le bouton de l'ascenseur. (appui-/appuy-)
e. Ils ...ent la terrasse. (balai-/balay-)

7 **Conjugue ces verbes aux 1res personnes du singulier et du pluriel du présent.**
a. broyer – ensorceler – tutoyer
b. ruisseler – déployer – cacheter

8 **Conjugue ces verbes aux 2es personnes du singulier et du pluriel du présent.**
a. craqueler – renouveler – balayer – épousseter
b. amonceler – noyer – projeter – ficeler

9 **Réécris les phrases au présent.**
a. Le chevalier chancela sous le choc.
b. L'homme cacheta la lettre.
c. Les chiens aboyèrent au passage.
d. L'enfant épela son nom et son prénom.
e. Le petit s'ennuya longtemps.

10 **Réécris les phrases à l'imparfait.**
a. Je rappelle mes amis.
b. Tu emploies de nombreux adjectifs.
c. L'éclair foudroie le chêne.
d. Elle jette ses vieux vêtements.
e. L'oisillon volète sur le sol.

11 **Réécris les phrases au futur.**
a. les commerçants envoyaient leurs marchandises par la poste.
b. Je balayais la cuisine.
c. Le vent tournoyait dans la cheminée.
d. Le roseau ployait sous le vent.
e. Tu t'appuyais contre moi.

12 **Réécris ce texte au présent.**
Le garçon dételа le cheval et appela son père. Un chien aboya, mais personne n'arriva. Mathieu renouvela son appel et s'occupa : il essuya les flancs du cheval, épousseta sa crinière et nettoya le harnais. Puis il balaya, jeta et changea la litière souillée. Enfin il s'employa à remplir l'abreuvoir.

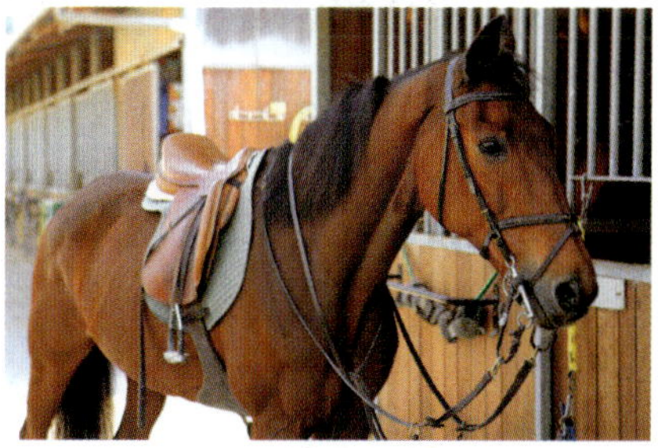

J'écris

13 **Écris ce texte à l'imparfait.**
En décembre, les enfants feuillètent les catalogues de jouets. Ils préparent aussi de petits cadeaux qu'ils enveloppent, ficèlent et étiquètent soigneusement. Au soir de Noël, le givre craquèle les vitres, les guirlandes étincèlent et l'on festoie à la table où flamboient les bougies.

Le passé composé

Je cherche

1. Écris cinq phrases qui racontent chaque exploit du grand-père Maurice, en utilisant les verbes conjugués au passé composé : *gravir* – *lire* – *voyager* – *partir* – *découvrir*.

2. Recopie chaque phrase en remplaçant *Maurice* par *Maurice et Maria*.

3. Pour chaque forme verbale, souligne l'auxiliaire et entoure le participe passé.

4. Pour chacun des verbes conjugués, cherche le verbe repère dans le tableau des verbes repères (p. 202-205) qui forme son participe passé de la même manière.

Je retiens

✓ Je sais que **le passé composé** est un **temps composé**. Il se conjugue avec :
- **l'auxiliaire *être*** ou ***avoir*** conjugué **au présent**,
- **et le participe passé** du verbe conjugué.

✓ Le participe passé des **verbes du 1er groupe** se termine par *-é* : *parler → parlé*
Le participe passé des **verbes du 2e groupe** se termine par *-i* : *grandir → grandi*
Le participe passé des **verbes du 3e groupe** se termine par *-i* ou *-u* ou *-s* ou *-t* :
partir → parti   *voir → vu*   *mettre → mis*   *ouvrir → ouvert*

✓ Pour conjuguer un verbe qui indique **un mouvement** ou **un déplacement**, j'utilise le plus souvent l'auxiliaire **être**.
*Tu **es venu(e)** en train.*   *Il **est parti** en courant.*

✓ Quand un verbe est **complété par un COD ou un COI**, je choisis l'auxiliaire ***avoir***.
*Nous **avons pris** le bus.*   *Vous **avez parlé** à vos parents.*

Je sais que **le participe passé s'accorde avec le sujet** quand il est accompagné de **l'auxiliaire *être***.
Je sais que certains verbes peuvent être utilisés avec les deux auxiliaires : ils n'auront pas le même sens.
*Julie **est montée** à cheval. / Lucie **a monté** les escaliers quatre à quatre.*

Je repère

1 **Pour chaque verbe, écris les formes verbales du passé composé qui se prononcent de la même manière.**

a. courir
b. répartir
c. ramasser
d. mettre

2 **Relève les verbes conjugués au passé composé et écris leur infinitif.**

a. Vous avez dit des poèmes ensemble.
b. Mes amis sont venus ce jour-là.
c. Je me suis coupé le doigt.
d. J'ai lu la lettre que tu as écrite à ton frère.

3 **Relève les verbes conjugués au passé composé.**

Alors les gens de mon quartier se sont mis en colère. Ils ont pris la sorcière et l'ont menée chez le commissaire.
Et le commissaire lui a demandé :
« Sorcière, sorcière, qu'as-tu dans ton jardin ?
– Dans mon jardin ? a dit la sorcière. Je n'ai rien d'extraordinaire ! »

P. Gripari, *La sorcière et le commissaire*, Grasset.

4 **Dans les tableaux p. 202-205, trouve un verbe repère qui forme son participe passé comme :**

a. comprendre
b. envahir
c. dormir
d. remplacer
e. permettre
f. éteindre

5 **Recopie le texte suivant et souligne les verbes conjugués au passé composé. Indique leur infinitif.**

C'est une histoire étonnante. En 2 mois, un renard a volé 38 boules de pétanque devant la maison d'un habitant du Gers, dans le sud-ouest de la France. Enervé de voir ses boules disparaître, il a installé une caméra devant sa maison. C'est comme cela qu'il a découvert qui était le voleur.

Le Petit Quotidien, mai 2012.

Je manipule

6 **Conjugue les verbes au passé composé aux premières personnes du singulier et du pluriel.**

a. attendre – couvrir – proposer
b. vouloir – craindre – permettre
c. voir – découper – devenir
d. réfléchir – faire – construire

7 **Recopie les phrases dans lesquelles être n'est pas un auxiliaire.**

a. Nous étions surpris par sa venue.
b. Natacha est repartie avec Pierre.
c. Les fleurs sont fanées.
d. Ils sont heureux de prendre le bus.

8 **Recopie les phrases dans lesquelles avoir n'est pas un auxiliaire.**

a. Il a pris son cartable avant de partir.
b. Les coureurs ont attendu le signal.
c. La mer a des reflets argentés.
d. Tu as l'air bien fatigué !

9 **Réécris les phrases au passé composé.**

a. Ma cousine revient avec nous.
b. Tu ne réussis pas ton gâteau.
c. Nous remplissons nos verres d'eau.
d. Comprends-tu le devoir ?

10 **Écris une phrase avec ces groupes verbaux au passé composé à la personne de ton choix.**

a. faire des courses
b. prendre la voiture
c. conduire prudemment
d. choisir ses articles

11 **Réécris le texte suivant au passé composé.**

Pour fêter l'anniversaire des 60 ans de règne de la reine d'Angleterre, on ouvrira le palais de Buckingham au public. Les visiteurs admireront le trône et toutes les belles salles utilisées pour les cérémonies. La reine ouvrira un défilé sur la Tamise. Le monde entier pourra voir ce défilé sur les écrans de télévision.

J'écris

12 **Rédige un court article de journal dont le titre sera :**

« Découverte étonnante dans le potager de l'école ! »

Tu conjugueras les verbes au passé composé. Tu choisiras au moins deux verbes qui se conjuguent avec l'auxiliaire être.

Le futur antérieur

Je cherche

Lorsque nous aurons fini notre repas, nous irons dans le village pour voir le feu d'artifice. Dès que nous serons bien installés dans l'herbe, le spectacle pourra commencer. Quand nous aurons vu toutes les fusées illuminer le ciel de mille couleurs, nous rentrerons ravis.

1. Relève les verbes conjugués à un temps composé. Donne l'infinitif de chaque verbe.
2. À quel temps l'auxiliaire est-il conjugué ?
3. Réécris le texte en remplaçant nous par ils : quelle remarque peux-tu faire ?
4. Réécris maintenant le texte en remplaçant nous par tu, puis par il : quelle remarque peux-tu faire ?

Je retiens

✓ Comme le passé composé et le plus-que-parfait, **le futur antérieur** est un **temps composé**. Il se conjugue avec :
- **l'auxiliaire *être*** ou ***avoir*** conjugué **au futur**,
- et **le participe passé** du verbe conjugué.

*j'**aurai** compris*	*tu **auras** fini*	*il/elle **aura** remarqué*
*nous **aurons** compris*	*vous **aurez** fini*	*ils/elles **auront** remarqué*
*je **serai** venu(**e**)*	*tu **seras** parti(**e**)*	*il/elle **sera** arrivé(**e**)*
*nous **serons** venu(**e**)**s***	*vous **serez** parti(**e**)**s***	*ils/elles **seront** arrivé(**e**)**s***

✓ J'applique **la règle d'accord du participe passé** que je connais déjà (voir p. 230).

‖ Je n'oublie pas que certaines formes verbales se prononcent de la même manière mais s'écrivent différemment.

Je repère

1 **Pour chaque verbe, écris les formes verbales du futur antérieur qui se prononcent de la même manière.**

a. réussir
b. trembler
c. monter
d. ouvrir

2 **Recopie les phrases au futur antérieur.**

a. Il sera parti demain matin.
b. Les élèves auront réussi leur examen.
c. Le pilote aurait-il gagné la course ?
d. Nous serons fascinés par le spectacle.
e. Dès que vous aurez fait la liste de courses, on pourra partir !

3 **Trouve l'intrus et justifie ta réponse.**

a. elle aurait pu – nous aurons pleuré – tu seras tombé – il aura fait

b. nous aurons pris – je serai partie – tu étais rentré – j'aurai dit

c. vous aurez couvert – elle sera arrivée – tu auras découvert – vous auriez essuyé

4 **Relève les verbes conjugués au futur antérieur.**

Pour les jours de pluie, tu pourras trouver sur ce site plusieurs dessins à colorier. Ensuite, quand tu auras choisi ton modèle préféré, tu n'auras qu'à l'imprimer. Dès que tu auras préparé ta peinture et que tu auras rempli un gobelet d'eau, tu pourras peindre ton dessin.

Je manipule

5 **Conjugue les verbes au futur antérieur aux 1res personnes du singulier et du pluriel.**

vouloir – ouvrir – partir – franchir

6 **Conjugue les verbes au futur antérieur aux 2es personnes du singulier et du pluriel.**

répondre – battre – réfléchir – séparer

7 **Recopie les phrases suivantes en choisissant la bonne forme verbale.**

a. Tu (sera/seras) parti avant l'aube.

b. Il (aura/auras) perdu la bataille.

c. Ils (serons/seront) revenus avant la nuit.

d. Nous (aurons/auront) raison.

8 **Complète par un GN ou un pronom personnel.**

a. … sera rentrée avant nous.

b. … auront aperçu des rapaces.

c. … serons tombés à terre.

d. … seras monté à cheval.

e. … seront partis depuis longtemps.

f. … aurons réparti le travail.

g. … aurez fini à temps.

9 **Réécris les phrases en mettant les verbes surlignés au futur.**

a. Nous détachons nos ceintures aussitôt que l'avion a décollé.

b. Les moineaux dévoraient les cerises dès qu'elles avaient mûri.

c. Il se souvient des réponses dès qu'il a regardé la feuille.

d. Tu peux participer au match dès que tu es bien échauffé.

10 **Réécris ce texte à la 2e personne du pluriel.**

Tu entreras par les souterrains du château. Dès que tu auras passé la salle de garde, tu prendras l'escalier en pierre. Quand tu seras arrivé dans la grande salle, tu trouveras un rideau au fond. À peine auras-tu soulevé ce rideau que le perroquet du comte se mettra à crier. Tu devras le faire taire très vite sinon les gardes vont arriver et ils t'arrêteront !

11 **Réécris le texte de l'exercice précédent en remplaçant tu par les espionnes.**

Je révise

12 **Souligne les verbes conjugués à un temps composé et indique de quel temps il s'agit.**

a. Nous aurons choisi nos fournitures au mois de juin.

b. Durant la nuit, les pirates avaient accosté sur l'île.

c. Tu serais à l'heure, si tu avais préparé ton sac.

d. Je viendrai t'ouvrir dès que j'aurai trouvé mes clefs.

13 **Conjugue chaque phrase au passé composé, au plus-que-parfait et au futur antérieur.**

a. Il devient un grand chef.

b. Je fournis le pique-nique pour tout le monde.

c. Nous exposons nos œuvres au musée.

d. Tu conduis une voiture rapide.

e. Les cigognes reviennent tous les ans.

J'écris

14 **Écris cinq phrases au futur antérieur selon le modèle pour réaliser une salade de fruits.**

Quand j'aurai lavé les pommes, …

Le présent de l'impératif

Je cherche

Le chat Zilia a enterré ses « trésors » dans le jardin : une arête de poisson, sa souris en plastique, un bouchon et une balle en tissu.

Imagine des symboles pour ces quatre objets. Construis une grille de « bataille navale » de 64 cases, place les objets dans les cases de ton choix et demande à l'un de tes camarades de retrouver les trésors en annonçant des coordonnées du type (A ; 4), (B ; 8)…

Outils pour les maths CM2, Magnard, 2011.

1. **Relève les verbes conjugués de ce texte.**
2. **Quelle différence y a-t-il entre la première phrase et les suivantes ?**
3. **Réécris le 2e paragraphe du texte à la 2e personne du pluriel « Imaginez des … », puis à la 1re personne du pluriel.**
4. **Quelles terminaisons reconnais-tu ?**

Je retiens

✓ J'utilise l'**impératif** pour exprimer **un ordre, un conseil** ou **une demande**.

✓ Pour conjuguer **un verbe au présent de l'impératif**, je n'utilise **pas les pronoms personnels** et je choisis **les terminaisons du présent de l'indicatif**.

	1er groupe	2e groupe	3e groupe
2e personne du singulier	*mange*	*choisi**s***	*pren**ds***
1re personne du pluriel	*mange**ons***	*choisiss**ons***	*pren**ons***
2e personne du pluriel	*mang**ez***	*choisiss**ez***	*pren**ez***

Pour **les verbes du 1er groupe**, ainsi que pour **le verbe *aller***, je n'écris **pas de « -s »** à la 2e personne du singulier : *Va dans ta chambre !*

Je repère

1 **Recopie les verbes et sépare le radical de la terminaison par un trait.**

a. viens – espérons – partez – bouge
b. siffle – tonds – finissez – attendez

2 **Indique à quelle personne sont conjugués les verbes au présent de l'impératif.**

a. Dépêche-toi, viens nous voir !
b. Ne mangeons pas trop de pain.
c. Prenez vos affaires et changez-vous rapidement.
d. Finis ton repas avant de partir !

Je manipule

3 Conjugue les verbes au présent de l'impératif à toutes les personnes.

a. attendre – aplatir – essayer – offrir
b. recevoir – sortir – écrire – promettre

4 Choisis la forme du verbe qui convient.

a. … tes mains de tes poches ! (enlèves/enlève).
b. Ne … pas dans les caves. (vas/va).
c. … les bonbons en parts égales. (partages/partage).
d. Ne … pas tout à ton hamster. (permets/permet)

5 Réécris les phrases à la 1re personne du pluriel de l'impératif.

a. Change-toi rapidement.
b. Perce le mur sous la fenêtre.
c. Conjugue ce verbe au futur.
d. Nourris-toi de légumes.

6 Réécris les phrases à la 2e personne du pluriel de l'impératif.

a. Ne nous disputons pas.
b. Prends tes affaires rapidement.
c. Efforce-toi de participer plus en classe.
d. Ne me déçois pas.
e. Éteins la lumière.

7 Réécris les phrases à la 2e personne du singulier de l'impératif.

a. Peignez les murs en blanc.
b. Descendez l'escalier en silence.
c. Buvons notre eau tant qu'elle est fraîche.
d. Ne vous tournez pas vers vos voisins.
e. Vendez vos articles moins cher.

8 Et si le Schtroumpf à lunettes s'adressait à tous les Schtroumpfs, que dirait-il ?

Peyo, *Le Schtroumpf sauvage*, © Peyo - 2012 - I.M.P.S.

9 Réécris les phrases au présent de l'impératif.

a. Tu avances vers le quai.
b. Nous lançons nos ballons plus loin.
c. Vous choisissez la couleur de la voiture.
d. Tu vas dans ta chambre.

10 Voici les règles de sécurité des auto-tamponneuses. Transmets-les à un ami en conjuguant les verbes à l'impératif.

a. Attacher sa ceinture de sécurité.
b. Ne pas se pencher hors du véhicule.
c. Attendre le signal pour descendre.
d. Ne pas descendre en marche.

11 Réécris ce texte à la 2e personne du pluriel.

Quel est ton arbre généalogique ? Dessine ton arbre généalogique sur ton cahier de sciences. Remonte le plus loin possible parmi tes ancêtres. Indique la ville et le pays de naissance de chacun. Compare ton arbre généalogique avec ceux de quelques camarades, puis situe l'origine de chacun sur un planisphère.

Sciences Cycle 3, Magnard.

12 Conjugue les verbes de ce texte à la 2e personne du singulier de l'impératif.

1. Tracer l'angle droit de l'équerre, prolonger les droites.
2. Sur chaque droite, mesurer 5 cm à partir de l'angle droit et marquer les points A et B pour former deux segments.
3. Ouvrir son compas de 5 cm, être attentif à la mesure de l'écartement.
4. Tracer les deux arcs de cercles qui ont pour centre les points A et B et qui se coupent pour former le 4e sommet.
5. Relier ce sommet aux points A et B.

J'écris

13 Écris à l'impératif cinq conseils que tu donnerais à l'un de tes camarades pour apprendre les tables de multiplication. Puis donne les mêmes conseils à plusieurs camarades.

Utiliser le présent

Je cherche

Texte A

Texte B

À partir de la fin du XVIIIe siècle, des savants européens explorent les terres inconnues de l'Afrique et de l'Asie. Tout au long du XIXe siècle, des pays d'Europe comme la France conquièrent des territoires sur ces deux continents.

Texte C

Chaque année, les touristes sont nombreux à emprunter l'autoroute du Sud pour regagner la Côte d'Azur.

Texte D

Le marathon est une course à pied qui se court sur 42,195 km. C'est la distance qui sépare la ville de Marathon et Athènes, en Grèce.

1. Observe les verbes de ces quatre textes. À quel temps sont-ils conjugués ?
2. Quel texte pourrait-on réécrire au passé ? Pourquoi ?
3. Dans quel texte exprime-t-on une généralité (c'est-à-dire un fait qui est toujours vrai) ? Justifie ta réponse.
4. Quels autres emplois du présent reconnais-tu dans ces textes ?

Je retiens

✓ J'utilise **le présent** pour raconter **un fait qui se déroule au moment où je parle.**
*« Allô, **j'écoute** ! » dit ma sœur en décrochant le téléphone.*

✓ Je peux utiliser le présent :
- pour raconter **un fait historique** : c'est **le présent historique** qui permet de rendre le passé plus proche de nous.
*Napoléon **devient** empereur le 2 décembre 1804.*
- pour exprimer **des faits toujours vrais** à n'importe quelle époque : c'est **le présent de vérité générale.**
*L'escargot **a** une coquille en colimaçon.*
- pour raconter **des faits qui se répètent** : c'est **le présent de répétition** qui est souvent accompagné d'expressions comme : *toujours, tous les ans, habituellement…*
*Tous les étés, je **pars** en vacances chez ma grand-mère.*

Je repère

1 **Recopie les phrases dans lesquelles tu reconnais le présent de répétition.**
a. Le bois brûle bien.
b. Tu restes à la cantine tous les jours.
c. Les voitures consomment de l'essence.
d. Chaque hiver, il s'approvisionne en bois.
e. Il vient souvent nous voir le jeudi.

2 **Recopie les phrases dans lesquelles tu reconnais le présent historique.**

a. En juillet 1789, le peuple prend la Bastille.
b. Les os de notre squelette sont robustes.
c. De nombreux soldats meurent pendant la guerre de Cent Ans.
d. Les Jeux olympiques ont lieu tous les quatre ans.

3 **Recopie les phrases dans lesquelles tu reconnais le présent de vérité générale.**

a. Les fourmis vivent en colonies organisées.
b. La cordillère des Andes se trouve en Amérique du Sud.
c. Les Bleus gagnent le championnat.
d. Mon père se lève toujours très tôt.

4 **Indique quel type de présent est utilisé dans chaque phrase. Justifie ta réponse.**

a. Les serpents muent lorsqu'ils grandissent.
b. « J'arrive de suite ! » dit ma mère.
c. La Lune est le satellite de la Terre.
d. Napoléon devient l'empereur des Français.

5 **Indique quel type de présent est utilisé dans ce texte. Justifie ta réponse.**

La statue de la Liberté « éclairant le monde » est une œuvre gigantesque : elle mesure 46,5 m de haut. La France l'offre aux États-Unis d'Amérique en 1886. La statue, installée sur une île à l'entrée du port de New York, regarde vers l'Europe.

6 **Indique quel type de présent est utilisé dans ce texte. Justifie ta réponse.**

Les vraies sorcières s'habillent normalement, et ressemblent à la plupart des femmes. Elles vivent dans des maisons, qui n'ont rien d'extraordinaire, et elles exercent des métiers tout à fait courants. Voilà pourquoi elles sont si difficiles à repérer !

R. Dahl, *Sacrées sorcières*, trad. M.-R. Farré

Je manipule

7 **Réécris ce texte au présent. De quel présent s'agit-il ?**

Chaque printemps, quand les températures se réchauffaient, Gustave recommençait à travailler au jardin : il taillait ses rosiers, retournait la terre, ratissait et tondait la pelouse. Puis il plantait quelques bulbes de tulipes, semait des graines de tomates dans son potager et vérifiait l'état des arbustes.

8 **Réécris ce texte au présent. De quel présent s'agit-il ?**

Pablo Ruiz Picasso, naquit à Malaga, en Espagne le 25 octobre 1881 et mourut le 8 avril 1973 à Mougins, en France.
Il travailla comme peintre, dessinateur et sculpteur.
Il fonda le mouvement cubiste avec Georges Braque, et fut l'un des artistes majeurs du XXe siècle.

Portrait de Dora Maar, Picasso, 1937.

9 **Réécris ce texte au présent. De quel présent s'agit-il ?**

Durant la guerre de 1914-1918, les soldats vivaient dans des tranchées. Le froid hivernal les paralysait, la pluie et la boue les envahissaient, ils manquaient parfois de nourriture. Ils subissaient une absence presque totale d'hygiène : ils ne pouvaient pas toujours se raser ou se couper les cheveux (on les surnommait les poilus), les rats les mordaient, les poux envahissaient leurs têtes.

10 **Rédige une phrase comportant deux verbes conjugués au présent en respectant les types de présent demandés.**

a. présent de répétition
b. présent de vérité générale
c. présent d'habitude
d. présent du moment où l'on parle

J'écris

11 **À l'aide des verbes donnés, explique à tes camarades ce à quoi tu es attentif quand tu écris un texte. De quel présent s'agit-il ?**

vérifier – accorder – ponctuer – choisir – employer – conjuguer – écrire – utiliser – préciser – organiser

Pour bien rédiger mon texte, je cherche d'abord mes idées, puis je…

Utiliser l'imparfait et le passé simple

Je cherche

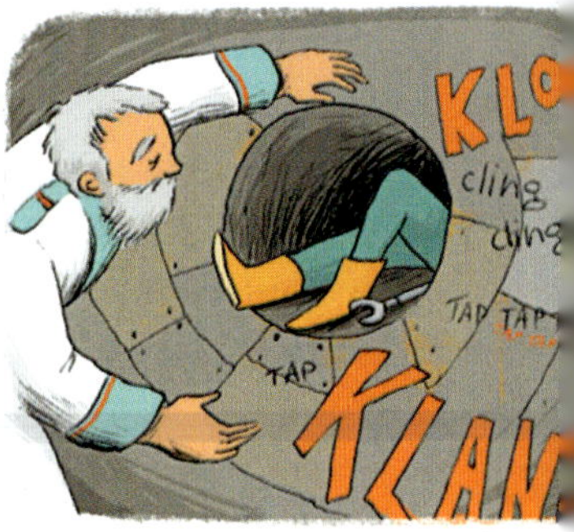

Le moteur du vaisseau du capitaine Blix était en panne. Seule sa fille Pénélope pouvait entrer dans le conduit pour tenter de le réparer.

Les minutes s'écoulaient interminables. Le capitaine tremblait, mais ce n'était pas seulement de froid. Des bruits étouffés parvenaient du fond du conduit. Pénélope travaillait dans les entrailles de la machine. **Soudain**, le sifflement rassurant du générateur d'énergie retentit. Les lumières du vaisseau se rallumèrent. Quelques secondes plus tard, les pieds de Pénélope apparurent à l'entrée du conduit. Les hommes hurlèrent de joie. Le capitaine Blix aida sa fille à sortir et la prit dans ses bras.

Philippe Barbeau, *Un ami dans les étoiles*, Rageot.

1. **Recopie le texte et souligne les verbes conjugués.**

2. **Entoure en rouge le paragraphe qui permet de poser le cadre de l'histoire, et en vert celui dans lequel les actions font avancer le récit. À quel temps les verbes de chacun de ces paragraphes sont-ils conjugués ?**

3. **Quel effet produit l'utilisation de l'adverbe *soudain* dans ce texte ?**

Je retiens

✓ J'utilise **l'imparfait** et **le passé simple** pour écrire un récit au passé.

✓ **Le passé simple** sert à :

- **mettre au premier plan** les actions qui font avancer le récit,
  *Il **arriva** en courant et m'**attrapa** par le bras.*
- **raconter des actions soudaines et brèves**, qui se succèdent.
  *Le coureur **accéléra**, **dépassa** son adversaire et **franchit** la ligne d'arrivée.*

✓ **L'imparfait** sert à :

- **poser le décor** en décrivant et en racontant des faits de second plan,
  *Le soleil se **levait** et la rosée **inondait** les champs.*
- **raconter des actions habituelles**, qui se répètent,
  *Tous les matins, elle **entrait** dans la classe en souriant.*
- **raconter des faits qui durent** dans le temps.
  *Lucie et Jordan **habitaient** à la sortie du village.*

Certains indices peuvent m'aider à choisir le bon temps de conjugaison :
– ***soudain, tout à coup, brusquement***… sont souvent utilisés avec des verbes au passé simple quand le texte est au passé.
– ***depuis longtemps, toujours, tous les lundis***… sont souvent utilisés avec des verbes à l'imparfait quand le texte est au passé.

Je repère

1 Recopie les phrases qui indiquent une action soudaine. Souligne les mots qui t'aident à les identifier.

a. L'orage éclata brutalement au petit matin.
b. Tout d'un coup, la mer se retira.
c. Elle portait souvent une magnifique robe.
d. En un instant, la voiture disparut.

2 Recopie les phrases qui indiquent une action qui dure. Souligne les mots qui t'aident à les identifier.

a. Lou jouait du piano depuis une heure.
b. Le bruit retentit dans toute la maison.
c. Depuis ce matin la neige tombait et recouvrait le jardin.
d. Quand il ne voulait pas réveiller ses parents, il avançait sur la pointe des pieds.

3 Souligne en rouge l'action qui dure et en vert l'action soudaine. Entoure les mots qui t'aident à répondre.

a. Il lisait depuis un moment quand il referma brusquement son livre.
b. L'oiseau planait au-dessus du champ. Soudain, il piqua droit sur le lapin et le saisit.
c. Le garçon observait le ciel quand il remarqua un point lumineux.

4 Indique quel paragraphe raconte des faits de second plan.

Le village semblait abandonné. Les volets des maisons étaient fermés. Le courrier tombait des boîtes aux lettres. Le silence régnait dans les rues. Aussi, Arthur s'avança prudemment. Il regarda autour de lui mais n'aperçut pas l'ombre cachée derrière le mur. Il s'assit et attendit.

5 Indique quel paragraphe raconte des actions de premier plan.

Il faisait très chaud et Léonie attendait assise sur le bord de la piscine. Quand tout à coup, Julia sauta en boule et l'éclaboussa en riant. Léonie la rejoignit aussitôt en plongeant la tête la première dans l'eau fraîche.

Je manipule

6 Complète les phrases avec : toujours – habituellement – soudain – tout à coup – tous les soirs

a. Yanis trébucha et tomba.
b. Boris lisait le journal.
c. Julie prenait le train pour aller travailler.
d. Le chat bondit et attrapa la souris.
e. Xavier aimait manger de la glace au chocolat.

7 Écris les phrases en choisissant la forme verbale qui convient.

a. Elle (regarda/regardait) la télévision lorsque le téléphone (sonna/sonnait).
b. L'embouteillage (dura/durait) depuis plusieurs heures.
c. La maison (fut/était) entourée de champs de blé.
d. Le vent (emporta/emportait) le linge qui (sécha/séchait) sur le fil.

8 Réécris ce texte au passé.

De minuscules gouttes d'eau mouillent les lunettes de Tom. Il les enlève, les essuie, les remet sur son nez et découvre le personnage qui se tient devant lui. C'est un homme trapu, vêtu d'une longue robe brune. Il a une bonne figure ronde, et une couronne de cheveux gris entoure son crâne chauve.

Mary Pope Osborne, *L'attaque des Vikings*, Bayard poche.

9 Réécris ce texte au passé.

Il est presque une heure du matin. Guillaume retient son souffle. Son cœur bat à tout rompre. Ses paupières, si lourdes un instant auparavant, sont maintenant écarquillées. Quelques minutes s'écoulent, interminables. Dans le lointain, un cri s'élève. Le garçon frissonne.

A. Gudule, *La bibliothécaire*, Livre de Poche.

J'écris

10 Utilise les expressions suivantes pour rédiger un récit au passé. Tu emploieras l'imparfait et le passé simple.

chaque mercredi – souvent – soudain – se rendre – attraper – basculer – lire – tomber – préférer

Les temps simples de l'indicatif

1 **Réécris ces phrases au présent en commençant par la personne indiquée.**

a. Il sent venir la pluie. → Tu ...
b. Nous partons avec toi ! → Je ...
c. Les petits font des cauchemars. → Nous ...
d. Elle ralentit à chaque virage. → Elles ...

2 **Réécris ce texte au présent à la 3e personne du pluriel.**

Thomas se cacha et attendit dans le noir. Il regarda autour de lui, ouvrit de grands yeux et essaya de percer l'obscurité. Il vit un chat qui bondit et renversa une poubelle. Peu après, Thomas entendit le vent se lever et sentit la pluie arriver. Il se raidit de peur et prit la décision de rentrer.

3 **Réécris ce texte au présent.**

Dans la salle principale de la bibliothèque se déployait une grande activité. Brigands et conseillers, travaillant au coude à coude comme des frères, rangeaient les timbres, classaient les fiches et remettaient les livres sur les étagères. Le policier accrochait quelques tableaux. Tous applaudirent lorsque le chef des Brigands fit son apparition avec Hélène Labourdette, vacillante, mais toujours ravissante.

M. Mahy, *L'enlèvement de la bibliothécaire*, Gallimard.

4 **Réécris ces phrases à l'imparfait.**

a. Le soleil disparaît à l'horizon.
b. Le client appuie sur la sonnette avec insistance.
c. Les jeunes chiots guérissent rapidement.
d. Tu changes de chaussures en rentrant dans le gymnase.

5 **Réécris ce texte à l'imparfait.**

La veille du Mardi Gras, les sorcières se rassemblent à minuit et dansent autour d'un grand feu jusqu'à l'aube. Elles valsent, elles charlestonnent, elles twistent, elles tangottent, mais toujours dans le sens contraire des aiguilles d'une montre. Elles ne font souvent que se trémousser, mais nulle part ailleurs, au Mardi Gras, on ne s'amuse autant.

J. et C. Hawkins, *Les sorcières*, Gallimard Jeunesse.

6 **Réécris ces phrases au futur.**

a. Les deux fripons réclamèrent des écus.
b. Tu mets le tout dans ton sac.
c. Vous avez le cœur à l'ouvrage.
d. Nous venons à la pêche avec vous.

7 **Réécris ce texte au futur.**

Quand nous arrivons au chalet, nous déchargeons la voiture et portons nos valises dans les chambres, puis remplissons les placards. Puis nous sortons et nous jouons dans la neige avant le dîner. Nous avons très faim quand nous revenons dans la maison.

8 **Réécris ces phrases au passé simple.**

a. Le détective va au théâtre.
b. Les danseuses choisissent leurs cavaliers.
c. Mon frère reçoit une lettre.
d. Le maître permet l'utilisation du stylo plume.

9 **Réécris ce texte au passé simple.**

Les pneus crissent, le bolide s'arrête en face du portail de la maison mystérieuse. Les enfants s'aplatissent dans l'herbe et ne bougent plus. Un homme long et maigre sort du véhicule et va appuyer sur le bouton d'un parlophone, dans lequel il dit laconiquement :
– C'est Fred.

C. Missonnier, *Opération caleçon au CE2*, Rageot.

10 **Réécris ce texte au passé simple.**

Le général Bonaparte se fait remarquer par ses victoires et son génie militaire. Face aux difficultés de la Première République, certains hommes politiques veulent un pouvoir fort pour rétablir l'ordre. Le 9 novembre 1799, Bonaparte prend le pouvoir par un coup de force. Il devient Premier consul. Il est le chef du gouvernement.

Histoire cycle 3, Magnard.

Les temps composés de l'indicatif

11 **Réécris les phrases en mettant le sujet au pluriel.**

a. Le facteur a apporté des calendriers.
b. Je suis allé au marché.
c. Il est parti à la piscine.
d. Tu es venu me chercher très tôt.

12 **Réécris ces phrases au passé composé.**
a. Mon père essuie ses lunettes et les remet sur son nez.
b. On entend une musique de cirque.
c. Nous avons peur, mais ouvrons quand même les yeux.
d. Vous remplissez la piscine.

13 **Réécris ces phrases au plus-que-parfait.**
a. La voiture ne démarre pas.
b. Vous couvrez les livres neufs.
c. Elle part en voyage en Italie.
d. Les sauterelles envahissent les champs durant l'été.

14 **Réécris ce texte au plus-que-parfait.**
Toute la classe éclate de rire, ce qui tire le ronfleur en question de sa somnolence. Il sursaute, ouvre les yeux, se redresse, regarde autour de lui d'un air stupide. Et se retrouve nez à nez avec M. Pennac, son prof de français.

A. Gudule, *La bibliothécaire*, Livre de Poche.

15 **Réécris les phrases en mettant le 1er verbe au futur et le 2e au futur antérieur.**
a. Tu reprends ton travail quand tu as déjeuné.
b. Elles ouvrent leur porte dès que le facteur a sonné.
c. Vous participez au spectacle quand vous avez appris votre texte.
d. Je descends déjeuner, quand j'ai fait mon lit.

L'impératif

16 **Écris à l'impératif ce qu'on ordonne à Cédric.**

Cédric 2, Classes de neige, © Laudec et Cauvin/Dupuis 2013.

17 **Réécris ce texte en l'adressant à vos deux petits cousins.**
Ne mange pas, ne dors pas, ne regarde pas la télé, n'écoute pas de musique, ne lis pas, ne tricote pas, ne joue pas aux cartes, ne claque pas des doigts, ne te cure pas le nez, ne sifflote même pas. Ne fais absolument rien pendant vingt-quatre heures. Reste assis. Songe. Détends-toi.

S. Manes, *Comment devenir parfait en trois jours*, Rageot éditeur.

Les valeurs des temps

18 **Réécris ce texte au passé. Justifie le choix des temps.**
C'est une nuit pénible. Papa s'endort le premier. Mélanie reste éveillée. Elle s'assoit et regarde dehors entre les planches. Le temps est orageux. Il fait lourd. Elle voit une lueur dans la nuit. C'est peut-être un éclair. Un peu plus tard, elle entend un petit bruit dans l'herbe près de la cabane.

H. Peterson, *Mélanie dans l'île*, Bayard.

19 **Réécris ce texte au passé. Justifie le choix des temps.**
Alors il se produit quelque chose d'extraordinaire : une fumée bleue se met à sortir du récepteur de mon téléphone. Puis elle prend la forme d'une bulle légère qui se pose sur le tapis. Enfin, elle disparaît en laissant la place à un magnifique camion jaune avec des roues noires.
C'est tout à fait incroyable !

N. de Hirsching, *Le mot interdit*, Bayard.

20 **Réécris ce texte au passé. Justifie le choix des temps.**
Il enfile en vitesse son jean, son T-shirt et ses baskets. Il vérifie si son carnet, son stylo et sa carte de Maître Bibliothécaire sont dans son sac à dos. Il descend l'escalier sur la pointe des pieds et rejoint sa sœur dans le jardin. L'air est frais et humide, le jour se lève à peine.

Mary Pope Osborne, *L'attaque des Vikings*, Bayard.

21 **Réécris ce texte au futur et futur antérieur.**
Dès qu'il a bêché son jardin, il plante ses bulbes. Lorsque les gelées sont arrivées, il met de la paille sur le sol pour le garder au chaud. Au printemps, il arrose ses plantes quand elles ont commencé à pousser.

La conjugaison des verbes repères

Verbe	Présent	Imparfait	Passé simple	Futur
▶ **être** **Passé composé** j'ai **été**	je suis tu es il/elle est nous sommes vous êtes ils/elles sont	j'étais tu étais il/elle était nous étions vous étiez ils/elles étaient	je fus tu fus il/elle fut nous fûmes vous fûtes ils/elles furent	je serai tu seras il/elle sera nous serons vous serez ils/elles seront
▶ **avoir** **Passé composé** j'ai **eu**	j'ai tu as il/elle a nous avons vous avez ils/elles ont	j'avais tu avais il/elle avait nous avions vous aviez ils/elles avaient	j'eus tu eus il/elle eut nous eûmes vous eûtes ils/elles eurent	j'aurai tu auras il/elle aura nous aurons vous aurez ils/elles auront
▶ **aller** **Passé composé** je suis **allé(e)**	je vais tu vas il/elle va nous allons vous allez ils/elles vont	j'allais tu allais il/elle allait nous allions vous alliez ils/elles allaient	j'allai tu allas il/elle alla nous allâmes vous allâtes ils/elles allèrent	j'irai tu iras il/elle ira nous irons vous irez ils/elles iront
1er groupe ▶ **plier** **Passé composé** j'ai **plié**	je **pli**e tu **pli**es il/elle **pli**e nous **pli**ons vous **pli**ez ils/elles **pli**ent	je **pli**ais tu **pli**ais il/elle **pli**ait nous **pli**ions vous **pli**iez ils/elles **pli**aient	je **pli**ai tu **pli**as il/elle **pli**a nous **pli**âmes vous **pli**âtes ils/elles **pli**èrent	je **pli**erai tu **pli**eras il/elle **pli**era nous **pli**erons vous **pli**erez ils/elles **pli**eront
▶ **repérer** **Passé composé** j'ai **repéré**	je **repèr**e tu **repèr**es il/elle **repèr**e nous **repér**ons vous **repér**ez ils/elles **repèr**ent	je **repér**ais tu **repér**ais il/elle **repér**ait nous **repér**ions vous **repér**iez ils/elles **repér**aient	je **repér**ai tu **repér**as il/elle **repér**a nous **repér**âmes vous **repér**âtes ils/elles **repér**èrent	je **repér**erai tu **repér**eras il/elle **repér**era nous **repér**erons vous **repér**erez ils/elles **repér**eront
▶ **ranger** **Passé composé** j'ai **rangé**	je **rang**e tu **rang**es il/elle **rang**e nous **range**ons vous **rang**ez ils/elles **rang**ent	je **range**ais tu **range**ais il/elle **range**ait nous **rang**ions vous **rang**iez ils/elles **range**aient	je **range**ai tu **range**as il/elle **range**a nous **range**âmes vous **range**âtes ils/elles **rang**èrent	je **rang**erai tu **rang**eras il/elle **rang**era nous **rang**erons vous **rang**erez ils/elles **rang**eront

	Verbe	Présent	Imparfait	Passé simple	Futur
1er groupe	▶ **conjuguer** **Passé composé** j'ai **conjugué**	je **conjugu**e tu **conjugu**es il **conjugu**e nous **conjugu**ons vous **conjugu**ez ils **conjugu**ent	je **conjugu**ais tu **conjugu**ais il **conjugu**ait nous **conjugu**ions vous **conjugu**iez ils **conjugu**aient	je **conjugu**ai tu **conjugu**as il **conjugu**a nous **conjugu**âmes vous **conjugu**âtes ils **conjugu**èrent	je **conjugu**erai tu **conjugu**eras il **conjugu**era nous **conjugu**erons vous **conjugu**erez ils **conjugu**eront
	▶ **tracer** **Passé composé** j'ai **tracé**	je **trac**e tu **trac**es il/elle **trac**e nous **traç**ons vous **trac**ez ils/elles **trac**ent	je **traç**ais tu **traç**ais il/elle **traç**ait nous **trac**ions vous **trac**iez ils/elles **traç**aient	je **traç**ai tu **traç**as il/elle **traç**a nous **traç**âmes vous **traç**âtes ils/elles **trac**èrent	je **trac**erai tu **trac**eras il/elle **trac**era nous **trac**erons vous **trac**erez ils/elles **trac**eront
	▶ **appeler** **Passé composé** j'ai **appelé**	j'**appell**e tu **appell**es il/elle **appell**e nous **appel**ons vous **appel**ez ils/elles **appell**ent	j'**appel**ais tu **appel**ais il/elle **appel**ait nous **appel**ions vous **appel**iez ils/elles **appel**aient	j'**appel**ai tu **appel**as il/elle **appel**a nous **appel**âmes vous **appel**âtes ils **appel**èrent	j'**appell**erai tu **appell**eras il/elle **appell**era nous **appell**erons vous **appell**erez ils/elles **appell**eront
	▶ **acheter** **Passé composé** j'ai **acheté**	j'**achèt**e tu **achèt**es il/elle **achèt**e nous **achet**ons vous **achet**ez ils/elles **achèt**ent	j'**achet**ais tu **achet**ais il/elle **achet**ait nous **achet**ions vous **achet**iez ils/elles **achet**aient	j'**achet**ai tu **achet**as il/elle **achet**a nous **achet**âmes vous **achet**âtes ils/elles **achet**èrent	j'**achèt**erai tu **achèt**eras il/elle **achèt**era nous **achèt**erons vous **achèt**erez ils/elles **achèt**eront
	▶ **envoyer** **Passé composé** j'ai **envoyé**	j'**envoi**e tu **envoi**es il/elle **envoi**e nous **envoy**ons vous **envoy**ez ils/elles **envoi**ent	j'**envoy**ais tu **envoy**ais il/elle **envoy**ait nous **envoy**ions vous **envoy**iez ils **envoy**aient	j'**envoy**ai tu **envoy**as il/elle **envoy**a nous **envoy**âmes vous **envoy**âtes ils **envoy**èrent	j'**enverr**ai tu **enverr**as il/elle **enverr**a nous **enverr**ons vous **enverr**ez ils/elles **enverr**ont
2e groupe	▶ **finir** **Passé composé** j'ai **fini**	je **fin**is tu **fin**is il/elle **fin**it nous **fin**issons vous **fin**issez ils/elles **fin**issent	je **finiss**ais tu **finiss**ais il/elle **finiss**ait nous **finiss**ions vous **finiss**iez ils/elles **finiss**aient	je **fin**is tu **fin**is il/elle **fin**it nous **fin**îmes vous **fin**îtes ils/elles **fin**irent	je **fini**rai tu **fini**ras il/elle **fini**ra nous **fini**rons vous **fini**rez ils/elles **fini**ront

Les mots commençant par *ap-*, *ac-*, *af-*, *ef-* et *of-*

Je cherche

Les élèves sont allés au cirque. Ils ont aperçu les affiches qui étaient collées sur les murs de la ville depuis un mois. Le spectacle a commencé par un numéro d'acrobates qui effectuaient de spectaculaires acrobaties avec différents accessoires, tandis qu'un clown jouait de l'accordéon. Après, des techniciens ont monté une cage solide afin de pouvoir accueillir des fauves venus d'Afrique. Les enfants ont applaudi et acclamé les artistes longuement.

1. **Relève des mots commençant par *ap-*, *ac-*, *af-*, *ef-* et classe-les en deux colonnes.**

2. **Recherche dans le dictionnaire des mots commençant par *of-*.**

3. **Qu'observes-tu pour chacun de ces mots ?**

Je retiens

✓ La plupart du temps, j'écris **les mots commençant par *ap-*,*af-*,*ef* et *of-*, en doublant la consonne.**

✓ Les mots commençant par ***ac-* s'écrivent avec deux « c »** mais **la prononciation varie** :
- j'entends [ks] devant un « i » ou un « e » : *accident, accélérer,*
- j'entends [k] devant « a », « o », « u » : *accabler, accorder, accueillir.*

J'apprends **les principales exceptions** et je pense aux mots de la même famille.
– *un apache, apaiser, apitoyer, apercevoir, aplanir, aplatir, apeuré, apéritif*
– *afin, Afrique, africain*
– *un acacia, l'acajou, une académie, un acompte, une acrobatie*

Je repère

1 **Classe les mots suivants dans un tableau.**
accessoire – appartenir – acajou – effrayer – offrir – affaire – apercevoir – appel – accélérer – effort – offrande – Afrique

2 **Recopie les mots où tu entends** [ks].
un accélérateur – un accord – un accusé – un accent – accidenté – accabler – accepter

3 **Recopie les mots et souligne l'intrus dans chaque série.**
a. affronter – affreux – africain – affolé – affaibli
b. apparaître – appartenir – appartement – appeler – aplati
c. effort – effacer – offrir – efficace – effectuer
d. accident – accélérer – accéder – accusé – accès.

Je manipule

4 **Pour chaque nom, écris le verbe de la même famille.**

a. une affirmation
b. un affront
c. un appareil
d. un effondrement
e. une offre
f. une offense

5 **Réécris les phrases en remplaçant les mots écrits en orange par un synonyme commençant par ap-, ac-, of-, ef- ou af-.**

a. Ma mère nous interpelle pour dîner.
b. Il était mort de faim.
c. Le toit s'est brisé suite à la tempête.
d. Pour sa fête, nous lui avons acheté des fleurs.
e. Léo a escorté son frère jusqu'à la gare.

6 **Complète chaque liste avec trois mots.**

a. affaire – accordéon – apporte
b. acajou – apaiser – apéritif

7 Dico **Réécris les phrases en remplaçant les mots écrits en orange par un synonyme faisant partie des exceptions.**

a. Les ouvriers doivent niveler le terrain avant de commencer les travaux.
b. Il ne peut pas s'empêcher de se lamenter sur son sort.
c. Au cirque, les artistes ont accompli de multiples pirouettes.
d. L'enfant est épouvanté par ce qu'il voit à la télévision.

8 **Recopie dans chaque série de mots ceux qui appartiennent à la même famille.**

a. accélération – accélérer – accéder – accélérateur
b. affichage – afficher – affirmer – affichette – affiche
c. offrir – offense – offre – offrande – officiel
d. effacer – effarer – effaçable – effacement

9 **Relève les mots qui font partie des exceptions et écris une nouvelle phrase avec chacun d'eux.**

a. L'acajou est un bois utilisé pour fabriquer des instruments de musique.
b. Nos amis sont venus prendre l'apéritif dans notre nouvel appartement.
c. Je dois effectuer des efforts pour achever mes devoirs rapidement.
d. Officiellement, ils n'ont pas encore accepté l'acompte que nous avons versé.

10 **Complète les phrases avec des mots commençant par ac-.**

a. Lili voudrait jouer de l'….
b. Pour compléter nos déguisements, nous avons besoin d'….
c. La foule … les artistes.
d. Le conducteur du véhicule … dans les lignes droites.

11 **Complète les phrases avec des mots commençant par ef-.**

a. Le maître … le tableau.
b. Il … un numéro périlleux.
c. Le vent … les épis de blé.
d. … par les aboiements, le chat reste caché.

12 Dico **Réécris les phrases en remplaçant les groupes de mots surlignés par un synonyme commençant par ap- ou af-.**

a. Le castor fait partie de la famille des rongeurs.
b. Il est diminué par sa maladie.
c. Tu dois coller des timbres sur ta lettre si tu veux l'envoyer en urgence.
d. Benji était vêtu d'une tenue ridicule.
e. Tous ces plats sont alléchants.

J'écris

13 Dico **Écris un court texte sur le thème de la course automobile en utilisant au moins cinq mots commençant par ap-, ac-, af-, ef- ou of-.**

Écrire les noms en *-té* et en *-tié*

Je cherche

Ne négligez pas à moitié votre beauté et votre santé !
Mangez cinq fruits et légumes de qualité !
N'hésitez pas à préparer de belles assiettées de crudités!
Ajoutez une brouettée de gaieté…
Vous retrouverez votre vitalité et vous oublierez la morosité !

1. Relève tous les noms se terminant par « -té », ou « -tié ».
2. À quel genre appartiennent ces noms ?
3. Quelle remarque peux-tu faire concernant les mots *assiettée* et *brouettée* ?

Je retiens

✓ Lorsque j'entends [te] ou [tje] **à la fin d'un nom féminin**, j'écris ***-té*** ou ***-tié*** à la fin du mot **sauf pour** :
- **les noms qui expriment un contenu** :
une assiettée, une brouettée…
- **les cinq exceptions suivantes** :
la dictée, la jetée, la montée, la pâtée, la portée.

Je repère

1 Recopie les phrases et entoure les noms qui se terminent par [te] et qui font exception à la règle ci-dessus.
a. Le bébé mange son assiettée de nouilles.
b. Le maçon charge une dernière brouettée de sable.
c. La montée fut difficile, mais la descente était encore plus accidentée !
d. Le chien a dévoré la moitié de la pâtée puis il s'est enfui avec agilité.

2 Écris les mots et entoure l'intrus pour chaque série.
a. qualité – beauté – dictée – cruauté
b. fermeté – amitié – moitié – pitié
c. efficacité – diversité – hésité – qualité

Je manipule

3 Écris le nom féminin en -té qui correspond à chaque adjectif.
a. dur
b. timide
c. habile
d. humide
e. honnête
f. vulgaire

4 Trouve pour chacun des adjectifs proposés un nom en -té et écris une phrase avec ce mot.
a. fidèle
b. limpide
c. léger
d. ferme
e. obscure
f. naïf

5 Dico **Cherche un mot de la famille de ami et un synonyme de compassion se terminant par -tié, et écris une phrase avec chacun des mots.**

6 **Transforme les GN en suivant le modèle.**

l'eau limpide → la limpidité de l'eau.

a. un exercice difficile
b. un enfant curieux
c. un endroit obscur
d. un médecin disponible

7 **Même consigne que l'exercice 6.**

a. un personnage célèbre
b. un bateau stable
c. un animal féroce
d. une histoire simple

8 **Complète la série avec un nom appartenant à la même famille se terminant par -té ou -tié.**

a. ami – amical – amicalement – ...
b. brute – brutal – brutalement – ...
c. simple – simplement – simplet – ...
d. action – actif – activer – ...

9 **Trouve le nom exprimant le contenu pour chacun des mots proposés et écris une phrase.**

a. une pelle
b. un pot
c. une brouette
d. une assiette

10 Dico **Recopie les phrases en remplaçant les mots écrits en orange par un synonyme se terminant par -té ou -tié.**

a. Le chat supporte en silence **la cruauté** de cet enfant qui lui tire les moustaches.
b. **La splendeur** de ce tableau m'impressionne.
c. Il m'a donné **une partie** de son goûter.
d. Mon frère trouve toujours **un travail** à faire.

11 **Recopie les phrases en remplaçant les mots écrits en orange par un synonyme se terminant par -tée.**

a. Il prépare **le repas** de son chien.
b. **La digue** s'avance sur la mer.
c. Je ne peux pas gravir **cette côte** en vélo.
d. La chatte vient présenter **sa progéniture**.

12 **Recopie les phrases en remplaçant les mots écrits en orange par un mot contraire se terminant par -té.**

a. Elle lui répond avec **douceur**.
b. La **richesse** de la princesse se percevait dans ses tenues.
c. Cet artisan fait preuve de beaucoup de **maladresse**.
d. Fais attention, cet homme est connu pour sa **malhonnêteté** !

13 **Réponds aux questions à l'aide de phrases et en utilisant des noms se terminant par -té.**

a. Comment appelle-t-on une personne mondialement connue ?
b. Comment appelle-t-on des légumes que l'on mange cru?
c. Quel est le contraire de « solidité » ?
d. Comment nomme-t-on le lien qui unit deux amis ?
e. Quel sentiment permet d'agir avec droiture et honnêteté ?

14 **Écris la comptine et complète-la à l'aide de noms féminins se terminant par -té, ou -tié.**

Au printemps !
La nature reprend ses ...
Et se transforme avec ...
Les paysages sont de toute ...
Le pinson chante, avec ...
On sent un air de ...

15 **Transforme les phrases en remplaçant les mots surlignés par un nom en -té ou -tié.**

*Ce cheval est **agile**, il est étonnant.*
*→ **L'agilité** de ce cheval est étonnante.*

a. Ce paysage est beau, il me rappelle les monts d'Auvergne.
b. La pelouse est trop humide, je ne peux pas la tondre.
c. Ce lion est tranquille, cela inquiète le dompteur.
d. Ces chaussures sont rigides, elles me font souffrir.

J'écris

16 **Écris un slogan publicitaire en utilisant trois mots parmi ceux proposés : moitié, curiosité, qualité, responsabilité, activité, difficulté.**

Les noms se terminant par un « e » muet

Je cherche

une partie	un génie
une sortie	un parapluie
une année	le lycée
la roue	un scarabée
une pelle	un musée
une fourchette	un incendie

■ **Lis les mots du tableau et explique leur classement. Quelle est la particularité de tous ces mots ?**

Je retiens

✓ J'écris **la plupart des noms féminins** avec **un « e » à la fin**. C'est **un « e muet »** que je n'entends pas : *une amie, la boue, une araignée, une haie, la joie*

✓ **Certains noms féminins** ne prennent **pas de « e » à la fin**, ce sont **des exceptions** : *une fourmi, une clé, une souris, une perdrix, la nuit, la toux, la paix, une loi, une noix, une paroi.*

✓ **Certains noms masculins** s'écrivent avec **un « e muet » à la fin** : *un génie, le foie, un incendie, un parapluie, un musée, un lycée, un scarabée.*

1 Recopie l'intrus

a. la moue – la toux – la joue – la boue
b. une roue – une revue – une pincée – une noix
c. la banlieue – une dictée – un incendie – la prairie
d. un brie – un génie – un parapluie – un ami

2 Recopie les noms féminins qui ne se terminent pas par « e ».

a. La perdrix s'est enfuie sous le nez du chien.
b. Une vilaine toux l'empêche d'aller à l'école.
c. Il a fait la paix avec son amie Justine.
d. La loi oblige les piétons à passer sur cette voie.

3 Remplace les mots surlignés par un synonyme qui se termine par un « e muet ».

a. Sa copine est partie au Canada.
b. Plus qu'un an à l'école primaire et tu iras en sixième.
c. Ils ont découvert le microbe responsable de la contagion.
d. Il a pris des vitamines pour avoir plus de dynamisme.

4 Trouve le mot demandé qui s'écrit avec un « e muet » et utilise le dans une phrase.

a. Comment s'appelle la discipline qui permet d'étudier les paysages du monde ?
b. Comment appelle-t-on un magasin où l'on vend des livres ?
c. Quelle est la femelle du jard ?
d. Qu'éteignent les pompiers ?

J'écris

5 Écris quatre vers en utilisant des noms comportant un « e muet ».

C'est une petite souris
Qui s'en va sous la pluie…

Identifier les homophones on, on n', ont

Je cherche

– On est arrivé !
– Quelle randonnée ! On n'a même pas fait une pause !
– Regardez tous ces moutons qui arrivent d'on ne sait où ! Ils ont la tête et le bas des pattes noires !
– C'est décidé, on s'installe ici pour le pique-nique !

1. Relis le texte en remplaçant *on* par *nous*. Quels changements entends-tu ?
2. Explique la présence du *n'* dans la deuxième phrase.
3. Réécris la phrase « Ils ont la tête et le bas des pattes noires ! » à l'imparfait. Quelle est la nature du mot *ont* ?

Je retiens

on

pronom indéfini

On apprend une leçon.
↓
Nous apprenons une leçon.

on n'...

pronom indéfini dans une phrase négative

*On **n'**aime **pas** cette musique !*
↓
*Nous **n'**aimons **pas** cette musique !*

*Il parle **d'on ne** sait qui !*
↓
Il parle de je ne sais qui !

ont

verbe *avoir*

*Elles **ont** leur billet pour Londres*
*Ils **ont** leur billet pour Londres.*
↓
Ils avaient leur billet pour Londres.

1 Indique la nature des mots surlignés pour justifier leur écriture.
a. On a souvent besoin d'un stylo.
b. Les gendarmes ont arrêté les voleurs.
c. Ils ont une heure de retard.
d. On n'arrive jamais à l'heure à la gare !
e. Il parle d'on ne sait quoi.

2 Recopie les phrases à la forme affirmative.
a. Est-ce qu'on ne pourrait pas parler d'autre chose ?
b. On n'a jamais mal aux pieds avec ces chaussures.
c. Demain, on n'ira pas à la piscine.
d. On n'a plus rien à ranger dans notre chambre.

3 Transforme les phrases à la forme négative.
a. On a vingt ans.
b. Demain, on ira voir ta grand-mère.
c. On a mangé toutes les crêpes.

4 Recopie les phrases en complétant avec on, ont ou d'on.
a. ... ne peut plus aller voir de films ici, car ils ... fermé le cinéma.
b. Ces algues, qui arrivent d'... ne sait où, envahissent la mer !
c. ... pourrait penser qu'ils ... triché à ce jeu.

J'écris

5 Écris un court dialogue entre trois amis en utilisant on et ont.

Identifier a/à/as, est/es/et, sont/son

Je cherche

La circulation est difficile dans les grandes villes et les embouteillages sont fréquents surtout si chacun utilise son véhicule personnel. La mise en place de transports en commun a facilité les déplacements d'un grand nombre de personnes. Le cycliste est davantage en sécurité depuis qu'il a des pistes cyclables à sa disposition.

1. Réécris le texte à l'imparfait, en remplaçant *véhicule* par *véhicules*.
Quels changements observes-tu ? Justifie ces changements.

2. Réécris la dernière phrase en remplaçant *le cycliste* par *tu*.
Quels changements observes-tu ? Justifie ces changements.

Je retiens

es/est
verbe *être*
*Tu **es** là.*
*Il **est** là.*
*On **est** là.*

sont
verbe *être*
*Ils **sont** là.*
*Elles **sont** là.*

as/a
verbe *avoir*
*Tu **as** chaud.*
*Il **a** chaud.*
*On **a** chaud.*

et
conjonction de coordination
*Il écrit **et** il dessine.*
↓
Il écrit ou il dessine.

son
déterminant possessif
*Il joue avec **son** ami.*
↓
Il joue avec ses amis.

à
préposition invariable
*Je pars **à** la campagne.*
*Il prend sa brosse **à** dents.*

1 Réécris les phrases suivantes au présent.

a. L'avion était sur la piste dès le matin.
b. Tu étais dans le vestiaire du stade.
c. Les chemins étaient déserts.
d. Les enfants étaient arrivés tard et leur mère était en colère.

2 Écris les phrases suivantes au passé composé.

a. Le TGV avait battu le record de vitesse.
b. Ils avaient pris le métro dans Paris.
c. De nouvelles gares étaient construites pour accueillir les TGV.
d. Le TGV était parti en retard.

3 Transforme les phrases au singulier.

a. Vous êtes en retard.
b. Les vélos sont un bon moyen de transport.
c. Ses instruments sont restés dans l'avion.
d. À l'aéroport, ils ont fouillé ses sacs.

J'écris

4 Réécris le texte au passé composé.

Le chef de gare avait sifflé le signal du départ et tu n'étais toujours pas monté. Les voyageurs étaient tous installés. Tes amis t'avaient embrassé. Tu étais enfin décidé à partir. Ils avaient crié : « À très bientôt ! ».

Identifier ces, c'est, ses, sait, sais

Je cherche

C'**est** au XVe siècle que Christophe Colomb voyage vers les Indes. Il **sait** que la terre est ronde ; il part de l'Espagne le 3 août 1492 avec ses **caravelles**. Le 12 octobre, il découvre un nouveau monde mais ces **terres** ne sont pas celles du continent asiatique.

1. **Réécris le texte en commençant par *C'était*. Quels changements observes-tu ? Donne la nature des mots surlignés.**

2. **Transforme au singulier les mots écrits en orange et réécris les phrases. Qu'entends-tu qui te permet d'identifier les deux homophones *ces* et *ses* ?**

Je retiens

ces

déterminant démonstratif pluriel

Ces enfants chantent.
↓
Cet enfant chante.
Cette fille chante.
Ce garçon chante.

ses

déterminant possessif pluriel

*Il emporte **ses** vêtements.*
↓
Il emporte son pantalon.
Il emporte sa chemise.

sais / sait

verbe *savoir*

*Je **sais** la vérité.*
*Tu **sais** la vérité.*
*Il **sait** la vérité.*

c'est

présentatif

C'est mon stylo !
↓
C'était mon stylo !
Ce sont mes stylos !

1 **Réécris les phrases au présent.**

a. Je savais situer le Japon sur une carte.
b. C'était facile de nommer les capitales.
c. Il savait observer des documents.
d. Savais-tu lire un graphique ?

2 **Réécris les phrases en mettant au pluriel les mots écrits en orange.**

a. Je recherche le nom de ce **fleuve**.
b. Cette **région** est très peuplée.
c. Ce **lac** est un grand réservoir d'eau.
d. C'est son **fleuve** préféré.

3 **Complète les phrases avec : sais, sait, c'est, ces ou ses.**

a. Vendredi, ... le jour du marché !
b. Je ... où se trouve ... cascades dont tu parles.
c. ... Jules qui ... jouer de la clarinette.
d. Mario viendra avec ... outils.
e. Arthur a apporté ... rollers.

J'écris

4 **Écris une phrase avec chacun des homophones : sais, c'est, ses, ces.**

Identifier l'imparfait, le participe passé et l'infinitif

Je cherche

Texte A
La Loire reliait la région méditerranéenne à l'Atlantique.
Ce fleuve était une voie de communication très importante.

Texte B
Au XVe siècle, le roi Louis XI a développé un système de digues.
En 1856, à Tours, l'eau est entrée dans la ville. Elle est montée jusqu'à 40 mètres.

Texte C
Le débit irrégulier de la Loire peut provoquer des crues importantes.
Les digues permettent de protéger les populations.

1. Lis les trois textes. Observe les formes verbales. Que remarques-tu ?

2. Réécris la première phrase du texte A, en remplaçant *la Loire*, par *les fleuves et rivières*. Pourquoi le verbe change-t-il de forme?

3. Dans les textes B et C, relève les mots écrits juste avant les verbes surlignés. Quelle est leur nature ? Justifie la terminaison de ces verbes.

Je retiens

✓ Lorsque **j'entends** [e] **à la fin d'un verbe**, je recherche **un mot signal** qui donne une indication sur l'écriture de sa terminaison.

- **Un verbe à l'infinitif** est **précédé d'un autre verbe conjugué** ou **d'une préposition.**
  Je vais couper du bois. Il vient pour couper du bois.
- **Le participe passé** d'un verbe est annoncé **par un auxiliaire.**
  J'ai coupé du bois. Je suis allée dans la forêt.
- **Un verbe conjugué à l'imparfait change de forme** lorsque son sujet varie.
  Je coupais du bois → Nous coupions du bois.

✓ Je peux **remplacer le verbe par un synonyme d'un autre groupe** pour savoir s'il est à l'infinitif, au participe passé ou à l'imparfait.

*Je vais **couper** du bois.* (fendre) — *Je **coupais** du bois.* (fendais) — *J'ai **coupé** du bois.* (fendu)

Je repère

1 **Recopie les phrases. Entoure les verbes à l'infinitif. Souligne leur mot signal.**

a. Certains soirs, je rêvais de voyager.
b. Jadis, les villageois aimaient danser.
c. Un chien s'est permis d'entrer ici.
d. Elle adorait cuisiner des petits plats.

2 **Relève les mots signaux qui annoncent le participe passé.**

a. Les arbres sont déracinés par la tempête.
b. Les bateliers ont participé aux fêtes.
c. Pasteur a trouvé un vaccin contre la rage.
d. En 1903, un éléphant empaillé est transporté par bateau jusqu'à Tours.

3 Recopie les phras
les marques du fé
pas.
a. Une mouette bl
la mer agitée.
b. La petite caille
c. La femelle roya
grande que le mâl
d. La buse, patien
immense et verdo

4 Relève tous les m
du genre s'enten
a. Ce cri particulie
b. J'entends le cha
c. Un oiseau migr
neuse.
d. Les oies blanch
kilomètres.

5 Entoure la lettre
le féminin.
a. ma fidèle amie
b. le lycée renom
c. une journée en
d. une cosmonau

Je manipule

6 Justifie l'orthogr
phrases suivante
a. Ses amies fidèl
b. Le spectateur
c. La petite chatt
d. Cet élève appli
e. Il a fait de nets

7 Écris les GN au f
a. un grand chan
b. son petit chat
c. cet habile vole
d. un acteur géni
e. un boulanger

8 Écris les GN au
a. des canes tapa
b. des juments m
c. les oies majes
d. les laies sauva

9 Écris une phrase
longues – étonn

3 Justifie l'orthographe des mots surlignés.

a. Il apprend à naviguer.
b. Il pense aller à la plage.
c. Les journaux permettent d'informer.
d. Ils ont admiré de nouveaux paysages.

Je manipule

4 Complète les phrases à l'aide d'un verbe à l'infinitif.

a. Elle utilise un fer à …
b. La machine à … est en panne.
c. Maman prend la planche à …
d. Mon père utilise une crème à …

5 Réécris les phrases au passé composé.

a. En 1856, la Loire inonde certaines villes.
b. Des poètes comparent parfois la Loire à une femme capricieuse.
c. Depuis de nombreuses années, les hommes cultivent les vignes.
d. On fabrique un barrage dans la vallée.

6 Réécris les phrases en remplaçant les mots écrits en orange par un verbe du 1er groupe synonyme.

a. On peut prendre de nombreuses espèces de poissons.
b. Malheureusement les piranhas vont engloutir tous les poissons qu'ils rencontrent !
c. Ils aiment voir des espèces rares.
d. Ma mère ouvre un parapluie pour nous mettre à l'abri.

7 Complète les phrases avec le mot qui convient. Justifie ton choix.

a. Les eaux (pollué/polluer/polluées) ne permettent pas à certaines espèces de survivre.
b. Les châteaux (rencontrés/rencontré/rencontrer) par la Loire sont nombreux.
c. De nombreux souverains ont (demeurés/demeuré/demeurer) dans ces châteaux.
d. Ce climat permet de (cultivé/cultivait/cultiver) de nombreuses plantes.

8 Réécris les phrases en mettant les mots surlignés au pluriel.

a. Le cuisinier a jeté le produit avarié.
b. Le chantier de construction est achevé.
c. La voile est hissée pour profiter du vent.
d. Le chemin dégagé permet d'accéder à la vallée.

9 Écris chaque verbe dans trois phrases différentes : naviguer – transporter – travailler – arriver.

a. à l'imparfait
b. sous la forme d'un participe passé
c. sous la forme d'un infinitif.

10 Réécris les phrases à l'imparfait en mettant le sujet au pluriel.

a. Il aime nager sur le dos dans la rivière.
b. Je pense arriver tôt au cinéma.
c. Tu espères aller plus vite que ton grand frère.
d. Il déteste danser la salsa au bal du 14 juillet.

11 Écris six phrases en utilisant les formes verbales suivantes :

cherchaient – creuser – tombées – attraper – épiait – ramassé

12 Recopie les phrases et justifie la terminaison des mots surlignés.

a. Il se moquait de ses camarades.
b. La pluie avait cessé de tomber.
c. Lucie et Paul adoraient venir à Paris.
d. J'ai gagné le gros lot.

J'écris

13 Écris un texte de cinq phrases, à l'imparfait et au passé composé, pour raconter une histoire à partir de ce tableau de Renoir.

Auguste Renoir, *Bal du Moulin de la Galette*, 1876.

Former le nombre des noms et des adjectifs

Je cherche

Des vaches marines et des dauphins

Dans les eaux chaudes et peu profondes, les dugongs et les lamantins mènent une vie paisible. Ces grands mammifères n'ont pas d'ennemis naturels, sont herbivores et ne se battent jamais. Les dauphins sont de petits cétacés à dents. Intelligents et curieux, ils peuvent être amis de l'homme. Rapides, les dauphins aiment faire la course en faisant des bonds allongés au ras de l'eau. Les mères ne donnent naissance qu'à un seul petit à la fois. Le nouveau-né tète sa mère et grandit rapidement. D'autres dauphins peuvent le garder pendant que sa mère s'absente.

Au fond des océans, Gallimard Jeunesse.

1. **Relève les groupes nominaux et classe-les en fonction de leur nombre.**
2. **Souligne les marques du pluriel que tu entends.**

Je retiens

✓ Dans un groupe nominal (GN), **les déterminants indiquent le nombre** : *un, une, le, ce, des, les, ces, cent…*
Un piéton traverse la rue. (GN au singulier).
Ces piétons traversent les rues. (GN au pluriel)

✓ Je sais que la plupart du temps, **les marques du pluriel des noms et des adjectifs sont « -s » ou « -x ».**
Ces chiens féroces et redoutables surveillent la propriété.
Les beaux bijoux plaisent à ma grand-mère.

✓ Parfois j'entends les marques du nombre.
Ce sont les principaux journaux en vente ici.

‖ Certains mots se terminent par un « -s » ou un « -x » sans être au pluriel :
Une souris mange un fromage savoureux.

Je repère

1 **Relève les GN au pluriel.**

a. Des oiseaux marins s'échouent sur les côtes souillées.
b. De nombreux martins pêcheurs vivent près de cette jolie rivière.
c. Les premières éclosions ont lieu aux beaux jours.
d. Lors de la tempête, des jeunes oisillons fragiles tombent du nid douillet.
e. Les feuilles touffues protègent les petits écureuils.

2 **Relève dans les phrases des noms et des adjectifs dont le pluriel ne s'entend pas.**

a. Des chevaux sauvages galopent dans les prés verdoyants.
b. Les souris grises sont chassées par les hommes.
c. Des travaux importants sont engagés pour protéger les animaux rares.
d. Deux yeux jaunes et brillants observent les déplacements des petits rongeurs.

3 **Recopie les GN au pluriel et entoure les marques du pluriel que l'on entend.**

a. Des écoliers essoufflés montent dans les cars municipaux.
b. Des feux spéciaux indiquent aux conducteurs impatients les travaux.
c. Ces fillettes ravies nagent dans les eaux glaciales de la mer du Nord.
d. Cent-deux cyclistes courageux et matinaux prennent le départ de la course.

4 **Recopie les mots comportant un « s » ou un « x » qui n'indique pas la marque du pluriel.**

a. Le passager peureux s'accroche à son siège.
b. En France, l'hirondelle de cheminée, le coucou gris, le martinet, et la cigogne blanche sont les principaux grands migrateurs.
c. Des scientifiques passionnés étudient le comportement curieux de différents animaux.
d. La piscine chauffée permet de prendre un bain exquis.

5 **Relève les mots dont les « s » ou « x » indiquent des marques du pluriel.**

a. Le soleil lumineux brûle les jardins assoiffés.
b. Des milliers d'étoiles étincelantes brillent dans le ciel.
c. Certaines roses rouges sont fanées.
d. Mes enfants sont curieux : ils explorent le jardin.

Je manipule

6 **Réécris les GN au pluriel.**

a. un bel héron
b. le rossignol matinal
c. un homme généreux
d. un caillou original
e. un travail sérieux

7 **Réécris les GN au singulier.**

a. des habitants généreux.
b. ces jeunes chevreaux.
c. mes chevaux fougueux.
d. des carnavals spéciaux.

8 **Enrichis chaque GN avec un adjectif.**

l'herbe – des hôtels – des voitures – des plantes

9 **Réécris les phrases en mettant les GN au singulier.**

a. Des poussins jaunes sortent du nid.
b. Les cris de ces oiseaux sont désagréables.
c. Les échasses blanches se nourrissent dans des eaux peu profondes.
d. Dix énormes autruches qui traversent le parc rejoignent leur progéniture.

10 **Réécris les phrases en remplaçant le GN par un GN au féminin pluriel.**

a. Un malheureux joueur a perdu.
b. C'est un facteur passionné.
c. J'apprécie ce lieu silencieux.
d. Elle achète du tissu soyeux.

11 **Réécris le texte en transformant chaque GN au pluriel.**

Hier, le journal racontait l'incroyable histoire d'un animal domestique extraordinaire qui parvenait à sauver un petit lionceau abandonné.

J'écris

12 **Écris la liste de ce que tu achèterais au marché. Utilise plusieurs adjectifs qualificatifs.**

Accorder le verbe avec son sujet

Je cherche

Le comédien est arrivé au théâtre. Il se change dans sa loge. Il se concentre et répète quelques tirades de son texte. La maquilleuse et la coiffeuse qui complètent sa tenue s'appliquent dans chacun de leurs gestes. Puis l'artiste entre sur la scène. Les spectateurs applaudissent. Beaucoup sont assis. Le silence envahit la salle.

1. **Réécris le texte en remplaçant** *le comédien* **par** *les comédiens* **puis par** *la troupe de comédiens*.

2. **Note les changements d'accord des verbes et justifie-les.**

3. **Par quels pronoms peux-tu remplacer le sujet dans la première phrase et l'avant-dernière phrase?**

Je retiens

✓ **J'accorde toujours le verbe avec son sujet** quelle que soit sa place dans la phrase.
__Partirez__-vous en vacances cet été ? *Cette robe, bien que très jolie, ne lui __va__ pas.*

✓ **Le verbe** peut avoir **plusieurs sujets**, il est alors au pluriel.
Le maçon, le menuisier et le plâtrier __s'entendent__ pour restaurer la maison.

✓ **Le sujet** peut avoir **plusieurs verbes**, j'accorde alors chaque verbe avec le sujet.
La pluie __tombe__ et __imprègne__ le sol desséché.

✓ Lorsque **le sujet** est le pronom relatif ***qui***, je cherche le nom qu'il remplace pour l'accorder.
Les ouvriers __qui__ rénovent la maison sont rapides.

Pour écrire la terminaison d'un verbe, je peux remplacer le sujet par un pronom personnel.
Les chiens __ont__ entendu la trompe de chasse. → Ils __ont__ entendu la trompe de chasse.

Je repère

1 **Recopie les phrases : souligne le verbe et relie-le par une flèche à son sujet.**

a. Dimanche, serez-vous à Manchester ?
b. Les touristes poursuivent leur visite.
c. Le match de football comptait pour les championnats d'Europe.
d. Une foule de gens a envahi le stade.

2 **Relève les verbes et leur sujet.**

a. Nous roulons en direction de Liverpool.
b. Avez-vous visité le musée des Beatles ?
c. J'étais surpris par l'amabilité des gens.
d. Au musée de la Marine, vous admirez les maquettes qui sont exposées.
e. Tu n'apprenais pas tes leçons.
f. Beaucoup de joueurs se sont serré la main et ont échangé leur maillot.

3 **Recopie les phrases en choisissant le verbe qui convient pour chaque phrase.**

a. Les renards et leurs petits (recherche/recherchent) de la nourriture.
b. Le chien qui (aboie/aboient) (est/es/sont) celui de mes voisins.
c. Peu de musées (était/étaient) gratuits.
d. La bande de musiciens (joue/jouent) ce soir.

4 **Recopie chaque phrase en remplaçant le sujet par un pronom personnel pour justifier l'accord du verbe.**

a. Le troupeau de moutons broute l'herbe fraîche.
b. Trop peu de personnes mangent des fruits.
c. Cet élève déjeune à la cantine.
d. Ces tourterelles qui chantent appartiennent à la famille des columbidés.

Je manipule

5 **Réécris le texte en mettant le nom écrit en orange au pluriel.**

Le mouton a une bonne ouïe et une excellente vue panoramique… En revanche il a du mal à voir les reliefs (bosses, creux…). Le mouton a un instinct grégaire très développé, c'est-à-dire qu'il cherche la compagnie des autres moutons. C'est surtout vrai quand il se sent menacé.

Mon Quotidien, mars 2011.

6 **Réécris les phrases en mettant le sujet au pluriel.**

a. J'aimais beaucoup les dessins animés.
b. Tu offriras ces livres à Paul.
c. Examinera-t-il les bagages à l'aéroport ?
d. Il veut aller au cinéma.

7 **Complète les phrases avec un GN ou un pronom personnel.**

a. … qui va de Paris à Tours, partira à 18 heures.
b. L'été dernier … observiez les étoiles.
c. … conduiront et attendront leurs enfants.
d. … lessives les murs de la cuisine.
e. … ne mangerons pas ce dessert !

8 **Complète les sujets par un groupe verbal.**

a. Le camion … .
b. Vous … .
c. José et Louis … .
d. Tu … .
e. Peu de … .

9 **Réécris les phrases en mettant le sujet au pluriel.**

a. Le guide qui nous accompagnait était très agréable.
b. Le livre qui me plaît est introuvable.
c. Le chien qui garde la maison s'est endormi.
d. L'amie de ma sœur qui possède un BMX part en randonnée tous les samedis.
e. En sortant de la piscine, l'enfant court, s'essuie et enfile son tee-shirt.

10 **Complète les sujets par un groupe verbal.**

a. Beaucoup de musées … .
b. La troupe de comédiens … .
c. Tous les enfants … .
d. L'équipe de filles … .

11 **Complète les groupes verbaux par un groupe sujet.**

a. … se rendent dans les pays chauds durant l'hiver.
b. … ouvrent leurs portes à dix heures.
c. … s'installe sur la place du village.
d. … gares la voiture dans le parking souterrain.

J'écris

12 **Écris quatre phrases pour terminer cette histoire en utilisant au moins une fois les sujets suivants : le jeune garçon, les dromadaires, un groupe de…, il**

Djamel, un enfant de dix ans décida de partir, un matin, avec son troupeau de dromadaires, à la recherche de l'oasis de Touatmoun…

Accorder le participe passé

Je cherche

Au festival de la BD, quatre jeunes dessinateurs seront récompensés. Ils ont travaillé de longs mois sur leur première BD. Ils sont sélectionnés pour la qualité et l'originalité de leur œuvre. Arthur, lauréat, témoigne : « J'ai décidé de m'inscrire au concours et j'y suis allé tout seul ! L'année dernière j'étais étonné de voir le nombre de candidats retenus. Des dessinateurs ont pris le temps d'expliquer leur métier et ils ont donné des conseils. Nous avons même mangé avec eux. ».

1. **Classe les verbes conjugués à des temps composés et justifie la terminaison des participes passés.**
2. **Transforme** *des dessinateurs* **au singulier et réécris la phrase. Quelle remarque peux-tu faire pour le participe passé** *pris* **?**
3. **Remplace** *Arthur* **par** *Arthur et Chloé* **puis réécris les deux premières phrases de son interview. Quels changements observes-tu ?**

Je retiens

✓ Lorsque **le participe passé** est employé **avec l'auxiliaire *être***, je l'**accorde en genre et en nombre avec le sujet**. Pour m'aider à accorder le participe passé, je peux tracer la chaîne d'accord.
Nous sommes allés au concours. Nos amies étaient venues avec nous.

✓ Parfois **j'entends les marques de genre** sur le participe passé.
Les souris sont prises au piège.

✓ Lorsque **le participe passé** est employé **avec l'auxiliaire *avoir*, je n'accorde pas le participe passé avec le sujet.**
Ils ont gagné le premier prix. Nous avions longuement applaudi les vainqueurs.

‼ Certains participes passés s'écrivent toujours avec un « s » :
*Il a **pris** le train. Elle a **appris** ses leçons. Elle a **mis** les fleurs dans l'eau.*

Je repère

1 **Relève les verbes construits avec être dans les phrases.**
a. Qui est caché dans l'herbe ?
b. Le facteur a distribué le courrier.
c. Les salades sont arrosées par le jardinier car il n'a pas plu.
d. Je me suis habillé chaudement.

2 **Relève les verbes construits avec avoir dans les phrases.**
a. Vous n'aviez pas dormi ici.
b. Ils sont rentrés ce matin.
c. Le voyage était bien organisé mais nous n'avons pas aimé l'hôtel.
d. À quelle heure as-tu pris le train ?

3 **Recopie les phrases, souligne les verbes conjugués et trace la chaîne d'accord du participe passé.**

a. Les chiens étaient perdus dans la forêt.
b. Nous n'avons pas oublié ta fête.
c. Les élèves sont descendus du car.
d. Sera-t-elle arrivée avant nous ?

4 **Souligne les participes passés dont l'accord s'entend à l'oral.**

a. Marie s'est assise sur le banc.
b. Ma mère est allée faire des achats.
c. J'ai perdu les clés de ma voiture.
d. Elles se sont mises à l'abri.
e. Nous sommes surprises par cette invitation mais nous sommes ravies.

5 **Justifie l'orthographe des participes passés dans les phrases suivantes.**

a. Les arbres étaient secoués par le vent.
b. Les tables sont renversées.
c. Nous avons terminé la peinture.
d. Elles sont allées au cinéma et elles ont regardé le film en 3D.

Je manipule

6 **Recopie les phrases en écrivant les sujets au pluriel.**

a. La leçon est apprise et récitée en classe.
b. La mauvaise herbe avait poussé et envahi les parterres.
c. Le pêcheur a accosté et débarqué son matériel.
d. La voiture a ralenti dans le virage.

7 **Réécris les phrases en mettant le sujet au pluriel.**

a. J'ai passé l'après-midi à la piscine.
b. Elle est partie ce matin pour l'Italie.
c. As-tu mangé ton dessert ?
d. Ce louveteau a appris à se défendre.

8 **Réécris les phrases en mettant le sujet au singulier.**

a. Les robes seront vendues sur le marché du village.
b. Les guides de montagne sont partis de bonne heure.
c. Elles étaient fatiguées.
d. Les draps seront lavés puis étendus dans le jardin.

9 **Réécris les phrases avec un GN sujet au féminin.**

a. Rémi a chanté pour la fête de Noël.
b. Les déchets sont emportés par le courant.
c. Les chiens sont attachés dans le chenil.
d. Les musiciens ont répété et ils sont prêts.

10 **Écris les phrases au passé composé.**

a. Elles trouvent le chemin pour rentrer.
b. Mes amies aiment cette musique.
c. Manges-tu de la viande ?
d. Elle se met en colère.
e. Ils utilisent des outils.

11 **Écris les phrases au plus-que-parfait.**

a. Les policiers arrêtent l'automobiliste.
b. Les motos roulent prudemment.
c. Nous arrivons à Bordeaux.
d. Vous attendez vos invités.
e. Les enfants se baignent dans l'océan.

12 **Complète les phrases avec un GN de ton choix.**

a. … a participé aux festivités.
b. … sont venues avec nous en vacances.
c. … ont adoré son livre.
d. … as vendu sa maison.

J'écris

13 **Réécris ce fait divers au passé composé.**

Deux filles de 12 et 15 ans échappent à la noyade près du Mont-Saint-Michel. Piégées par la marée, elles essaient de nager mais fatiguent très vite. Heureusement, un guide alerte les secours. Un hélicoptère arrive sur les lieux et des plongeurs sauvent les jeunes filles.

Savoir utiliser un dictionnaire

Je cherche

469 **gonflage**

goguenard, e adj. Qui se moque ouvertement de quelqu'un. *Elle le regardait d'un air goguenard.* SYN. **moqueur, narquois, railleur.**

goinfre adj. et n. Mot familier. Qui mange beaucoup, très vite et salement. *Mon petit frère est un goinfre.* SYN. **glouton, goulu, vorace.**

▶ se **goinfrer** v. (conjug. 3). Mot familier. Manger beaucoup, très vite et salement. *Les enfants gourmands se sont goinfrés de gâteaux.* SYN. **se bourrer, se gaver.**

▶ **goinfrerie** n.f. Mot familier. Comportement de goinfre. SYN. **gloutonnerie, voracité.**

golf n.m. Sport qui consiste à envoyer une balle dans des trous successifs, en un minimum de coups. La canne spéciale avec laquelle les joueurs frappent la balle est appelée un « club ». *Les grandes pelouses de golf ont dix-huit trous.*
● Nom des joueurs : un *golfeur*, une *golfeuse*. – Ne confonds pas avec un **golfe.**

golfe n.m. Large avancée de la mer dans les terres, qui forme un grand bassin. *Le golfe du Morbihan ; le golfe Persique.*
● Ne confonds pas avec le **golf.**

gomme n.f. ❶ Petit bloc de caoutchouc ou d'une autre matière qui sert à effacer des traces de crayon ou d'encre. *Antonin a effacé ses fautes avec une gomme à encre.* ❷ Substance visqueuse qui coule de l'écorce de certains arbres. *C'est avec la gomme de l'hévéa que l'on fabrique le caoutchouc.* ❸ **Boule de gomme,** bonbon adoucissant pour la gorge, à base de gomme naturelle.

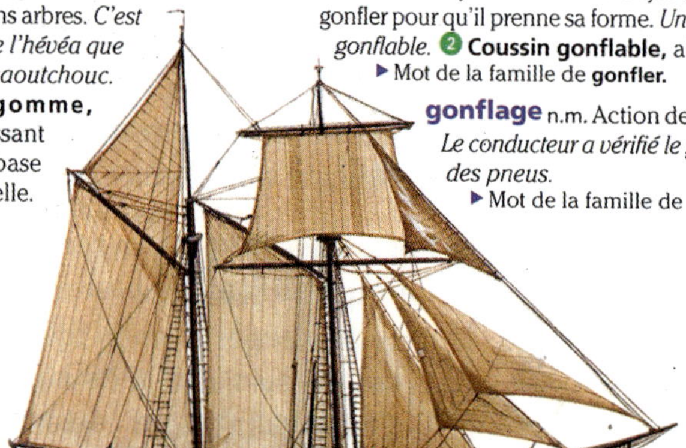

une goélette

▶ **gommé, e** adj. Se dit d'un papier qui colle quand on le mouille. *Du papier gommé.*

▶ **gommer** v. (conjug. 3). Effacer quelque chose avec une gomme. *Elle a gommé la phrase qui était fausse.*

▶ **gommette** n.f. Petit morceau de papier gommé ou adhésif de couleur, de forme et de taille variées. *Les enfants collent des gommettes sur leurs dessins.*

gond n.m. ❶ Pièce de métal sur laquelle pivote une porte, une fenêtre ou un volet. *Les gonds de la porte grincent.* ❷ **Sortir de ses gonds,** se mettre en colère, s'emporter.

gondole n.f. Barque longue et plate aux extrémités relevées. *Les gondoles circulent sur les canaux, à Venise.*

une gondole

gondoler v. (conjug. 3). Déformer une surface par des creux et des bosses. *L'humidité a gondolé le papier peint.*
● On peut aussi dire *se gondoler.*

gondolier n.m. Batelier qui conduit une gondole.
▶ Mot de la famille de **gondole.**

gonflable adj. ❶ Se dit d'un objet qu'il faut gonfler pour qu'il prenne sa forme. *Une piscine gonflable.* ❷ **Coussin gonflable,** airbag.
▶ Mot de la famille de **gonfler.**

gonflage n.m. Action de gonfler. *Le conducteur a vérifié le gonflage des pneus.*
▶ Mot de la famille de **gonfler.**

a b c d e f **g** h k l m n o p q r s t u v w x y z

Dictionnaire Larousse Junior illustré, 7/11 ans © Larousse, 2012.

1. À quoi sert le mot *gonflage* en haut de la page ?

2. Combien d'articles de dictionnaire comptes-tu sur cette page ?

3. Combien de verbes, de noms et d'adjectifs sont définis sur cette page ?

4. À quoi servent les chiffres dans les définitions ?

5. Relève un exemple dans une définition de ton choix.

6. Relève toutes les abréviations et explique-les.

3 Recopie les mots
indiquant la négati
impossible – imper
immense – immobil
impatient – imparfa
imprécis – importan

4 Recopie les mots c
indiquant la répéti
redire – recruter – r
relire – recoudre – r
rechercher – refuse
reformer – redescer

5 Relève l'intrus dan
ta réponse.
a. découdre – démo
déboucher
b. débloquer – déb
c. déclasser – déch
d. décider – décom
déminer

6 Relève les verbes
construits avec un
Pour ne pas croul
aux trois R : réduir
notre consommat
ceux qui peuvent l'
recycler.
Jeter des déchets
produit des mon
incinérer, ce qui dé
des décharges, ce
Écologi

Je manipule

7 Utilise chaque ver
ajoutant un COD.
délacer – recopier

8 Forme le contrair
un préfixe.
a. lisible – limité –
b. réel – réalisable
c. habituel – atten
d. mobile – probab

9 Dico Le préfixe ma
contraire. Trouve
préfixe et utilise

Je retiens

✓ Pour **rechercher un mot dans le dictionnaire**, je repère **l'initiale du mot** et **le mot repère** qui figure **en haut de la page**.

✓ Dans un article de dictionnaire, chaque mot est suivi de **sa classe grammaticale** écrite **sous forme d'abréviation, d'une définition, d'un exemple** et **de renseignements complémentaires : synonymes, contraires, mots de la même famille.**
orgue n. m. → « le mot *orgue* est un nom commun de genre masculin. »

|| Je sais que dans le dictionnaire, les verbes sont toujours écrits à l'infinitif et que les noms et les adjectifs sont donnés au singulier.

Je repère

1 Lis les articles suivants. Donne la classe grammaticale de chacun des mots et recopie la phrase exemple.

▸ **boisé, boisée** adj. Couvert de bois. *Une colline boisée.*
▸ **boiserie** n. f. Panneau décoratif en bois. *Les murs du salon sont recouverts de boiseries.*
▸ Autres mots de la famille : déboisement, déboiser, hautbois, reboisement, reboiser, sous-bois.
boisson n. f. Liquide qui se boit. *En hiver, on apprécie les boissons chaudes.* ▷ Mot de la famille de boire.

Le Robert Junior, 8/11 ans, © Le Robert, 2012.

2 Lis les articles et relève :
a. une définition.
b. une phrase exemple.
c. un synonyme du mot *village*.
d. des mots de la famille de *village*.

village [vilaʒ] n. m. Groupe de maisons à la campagne, plus petit qu'une ville mais plus grand qu'un hameau, qui possède une mairie, des commerçants, des artisans, etc. → **bourg, bourgade, localité.** *Un village de montagne.*
▸ **villageois** [vilaʒwa] n. m., **villageoise** [vilaʒwaz] n. f. Habitant d'un village. *Les villageois réclament une école.*
▸ Attention au e après le *g*.

Le Robert Junior, 8/11 ans, © Le Robert, 2012.

3 Relis les articles de l'exercice 2. Les informations suivantes sont-elles vraies ou fausses ?
a. Le premier mot défini est un verbe.
b. Dans l'article, on trouve des contraires du premier mot défini.
c. *villageois* et *villageoise* sont des mots de la même famille que le premier mot défini.

Je manipule

4 Dico Donne la classe grammaticale et la définition des mots suivants.
a. tortiller
b. torsion
c. tordre
d. tortueux

5 À l'aide du dictionnaire, trouve les différents sens des mots suivants.
a. toucher
b. tour
c. vague
d. bon

6 Pour chaque mot, trouve un autre sens que celui donné, et écris une définition et une phrase exemple.
a. **ampoule** n.f. Globe de verre qui contient un filament électrique.
b. **lentille** n.f. Plante cultivée dont on consomme les graines cuites.
c. **monter** v. Grimper- CONT. descendre.
d. **aiguille** n.f. Outil effilé servant à coudre.

7 Écris deux définitions différentes pour chacun des mots proposés.
a. cuisinière – bureau – recevoir – pied
b. arête – sommet – milieu – face
c. espace – domaine – champ

J'écris

8 Choisis un mot parmi les suivants et écris un article de dictionnaire complet (classe grammaticale, définition, exemple, synonyme…).
oiseau – beau – jouer – souris

Savoir construire des familles de mots : les suffixes

Je cherche

faiblesse – observation – lessiver – bricolage – politesse

planter – correction – navigable – gentillesse – décoratrice

invention – fourchette – directrice – lisible – maisonnette

affichage – redoutable – lavage – visible – fillette – risible

crier – lavable – conductrice

1. Propose un classement des mots ci-dessus. Justifie ton classement.
2. Explique comment ces mots sont formés.
3. Indique la nature grammaticale de ces mots.
4. Écris au masculin les mots dans une étiquette rouge. Quelles remarques peux-tu faire ?

Je retiens

✓ En ajoutant **un suffixe à un radical**, j'obtiens **un mot de la même famille** : *garage / garag**iste***

✓ L'ajout du suffixe peut :
- **changer la nature du mot** : *honnête* (adjectif) */ honnête**té*** (nom)
- **modifier le sens du mot** : *gris / gris**âtre***

✓ Je retiens **les principaux suffixes** :
- ceux qui forment **les noms désignant une qualité** : *-esse (la gentill**esse**), -ise (la franch**ise**), -itude (l'exact**itude**), -té (la propre**té**), -eur (la lent**eur**)*
- ceux qui désignent **des noms d'habitants** : *Afric**ain**, Ital**ien**, Polon**ais***
- ceux qui désignent **des noms d'action ou le résultat d'une action** : *-tion (démoli**tion**), -ment (tremble**ment**), -age (bricol**age**)*

‖ Parfois, l'ajout d'un suffixe modifie la forme du radical : *diriger / direction*

Je repère

1 **Recopie les mots. Souligne les suffixes.**
a. une soustraction – une application – une motivation – une addition
b. applicable – impensable – inestimable
c. lentement – facilement – rapidement

2 **Classe les mots suivants selon leur suffixe.**
pharmacien – étroitesse – gommage – électricien – éditrice – faiblesse – rougeâtre – affichage – finesse – rédactrice – opticien – blanchâtre – sûrement – bleuâtre – institutrice – largesse – ramonage – difficilement

6 Dans chaque séri
à la même classe
réponse.
a. paraître – appa
b. parc – parquer
c. navigation – na
navigabilité
d. glacé – glacer -

7 Cherche dans to
propose trois mo

Je manipule

8 Trouve un nom
chaque verbe.
a. écrire
b. nourrir

9 Trouve un adver
famille pour cha
a. libre
b. calme

10 Trouve un nom
famille pour ch
a. bronzer
b. obscurcir

11 Relève les mots
famille dans ce
Les machiniste
changent les c
déroulement d
les détails mat
machinistes da
dessinent les
réalisent. Dans
maquille, s'hab
d'un coiffeur, d

12 Construis deux
en ajoutant un
a. drap-
b. oreill-
c. bross-

13 Trouve deux v
chaque verbe
a. porter
b. coudre

---

3 **Relève les mots de la famille de *laver*. Entoure les suffixes.**

un lavage – un lavoir – une lavallière – une laverie – un lavabo – délaver – la lave – relaver – lavable – la lavande.

4 **Cherche l'intrus dans chaque liste. Justifie ton choix.**

a. une voiturette – une recette – une fourgonnette – une fourchette.
b. une assiette – une fillette – une poulette – une camionnette.
c. un jardinet – un garçonnet – un cochonnet – un fouet.
d. une galipette – une maisonnette – une tablette – une bouclette.

5 **Chaque série contient-elle des noms de métiers ayant le même suffixe ? Justifie ta réponse.**

a. chimiste – fleuriste – violoniste – couvreur
b. dentiste – professeur – pompiste – garagiste
c. chauffagiste – pianiste – tailleur – éclairagiste

6 **Dans le texte, trouve des mots de la même famille. Souligne les suffixes.**

Neil Armstrong naît en 1930 aux États-Unis. Enfant, il est passionné d'aviation. À 15 ans, il prend des cours de pilotage. Un an plus tard, il obtient son brevet. Il pilote plus de cinquante sortes d'avions différents.

Le Petit Quotidien, août 2012.

Je manipule

7 **Ajoute un suffixe à chaque mot pour changer sa nature.**

jardin – large – laver – porter – blanc

8 **Utilise un suffixe pour construire un mot correspondant à chaque définition.**

a. action de multiplier
b. action de soustraire
c. action d'opérer
d. action d'inspecter

9 **Utilise le même suffixe pour construire le mot qui correspond à chaque explication.**

a. C'est une femme qui lit.
b. C'est une femme qui illustre des albums.
c. C'est une femme qui réalise un film.
d. C'est une femme qui présente une émission.

10 **Réécris chaque phrase en suivant l'exemple.**

*Cet objet **peut être récupéré** : il est **récupérable**.*

a. Ce projet peut être réalisé : il est …
b. Ces rollers peuvent être réglés : ils sont …
c. On peut naviguer sur cette rivière : elle est …
d. Tu peux laver cette couverture : elle est …

11 **Forme deux mots de la même famille pour chacun des mots suivants en ajoutant un suffixe.**

a. arroser
b. arbitrer
c. chauffer
d. conduire

12 **Ajoute un suffixe pour écrire le nom des habitants de chacun des pays suivants.**

Amérique – Hongrie – Italie – Allemagne – Espagne – Angleterre – Belgique – Bosnie

13 **Utilise un suffixe pour former un nom de la même famille pour chaque verbe.**

décoller – atterrir – découper – repasser – lacer – colorier – nettoyer – laver – balayer

14 **Construis un verbe en changeant le suffixe des mots suivants.**

une habitation – l'agitation – une patinoire – un tremblement – un éternuement

15 **Cherche le radical des mots suivants. Écris les mots au féminin.**

a. pharmacien – comédien – musicien
b. boulanger – horloger – boucher – fromager
c. correcteur – directeur – illustrateur
d. cuisinier – couturier – charcutier – épicier

J'écris

16 **Écris un court texte dans lequel tu utiliseras des noms de magasins qui contiennent un suffixe.**

Distinguer sens propre et sens figuré

Je cherche

Monsieur Beau-Pompon raconte son accident de voiture à son voisin Gégé-La-Flemme.

– Je roulais pépère sur la départementale 20 quand un fou qui venait en face a coupé la route, explique-t-il.
– Avec quoi il l'a coupée, la route ? demande Gégé-La-Flemme.
– Avec sa voiture, bien sûr.
Gégé n'en croit pas ses oreilles. C'est la première fois qu'il entend parler d'une voiture à couper la route.
– Et elle coupait bien ?
– Pour couper, elle coupait ! répond le vieux Beau-Pompon.
– Alors c'est qu'on l'avait aiguisée.
– Aiguisée quoi ?
– Ben…La voiture !

Claude Bourgeyx, « Le fou de la départementale 20 », *Le fil à retordre*, Nathan Jeunesse.

1. **Explique les différents sens du verbe *couper* dans le texte. Quels sont les indices qui te permettent d'éclaircir les différents sens de ce verbe ?**
2. **Réécris le texte en remplaçant le verbe *couper* par un synonyme.**
3. **Trouve d'autres sens du mot *couper*. Quelle remarque peux-tu faire ?**

Je retiens

✓ **Un mot peut avoir plusieurs sens :**
- **un sens propre** : c'est **le sens premier** du mot, c'est-à-dire celui que l'on trouve en premier dans le dictionnaire.
- **un sens figuré** : c'est **le sens imagé** du mot, c'est-à-dire le sens donné par comparaison avec le sens propre.

✓ **Le contexte** me permet **d'identifier le sens** du mot.
*Il ouvre **la bouche** pour montrer ses dents.* (sens propre) *Il ouvre **la bouche** d'égout.* (sens figuré)
Ici ce sont les mots ***dent*** et ***égout*** qui nous éclairent sur le sens du mot ***bouche***.

Je repère

1 **Recopie les mots et leur définition quand ils sont au sens propre.**
a. disque n.m. Objet plat et rond qu'un athlète doit lancer le plus loin possible.
b. souris n.f. Petit appareil oval relié à un ordinateur.
c. ballon n.m. Sphère de caoutchouc gonflée d'air servant de jeu.
d. chemise n.f. Feuille de carton pliée en deux qui sert à ranger des documents.

2 Recopie les mots et leur définition lorsqu'ils sont au sens figuré.

a. **défilé** n.m. Passage étroit et encaissé entre deux montagnes.

b. **brillant** adj. Se dit d'une personne qui est intelligente.

c. **tomber** v. Être entraîné de haut en bas par son poids.

3 Indique si les mots surlignés sont employés au sens propre ou au sens figuré et relève les mots qui t'éclairent sur le sens.

a. Lorsqu'il parle, il mange ses mots.

b. Il a enfin ouvert son cœur à sa mère.

c. Il porte une cravate.

d. Il a soulevé un vrai problème.

4 Barre l'intrus pour chaque série.

a. J'ai les yeux rouges. – Il a les yeux plus gros que le ventre. – Marie a les yeux de sa mère.

b. Tom a mal à la tête. – Il place mal sa tête lorsqu'il nage. – Jules a la tête dans les nuages.

c. Le bébé dort à poings fermés. – Il lui a donné un coup de poing. – Ils sont pieds et poings liés.

Je manipule

5 Indique si les mots surlignés sont au sens propre ou au sens figuré et propose un mot ou une expression synonyme pour chacun.

a. Ce feu d'artifice est le clou du spectacle.

b. Papa aiguise le couteau.

c. Marylou est tombée sur un bon livre.

d. Il n'est pas dans son assiette aujourd'hui.

6 Écris une nouvelle phrase dans laquelle le mot surligné sera utilisé au sens figuré.

a. Paul s'est tordu la cheville.

b. Cette petite fille dévore une glace au chocolat.

c. La machine broie les grains de café.

7 Retrouve le mot commun aux deux phrases puis recopie la phrase où le mot est employé au sens propre.

a. Il donne sa … au chat. Il s'est coupé la … en tombant.

b. Les enfants sautent à la … dans la cour. Il pleut des ….

c. Il a … sa viande. Elle lui a … la parole.

d. César et Rachid sont comme les deux … de la main. Les … du pied sont les orteils.

8 Pour chacun des mots, écris une phrase où il sera employé au sens propre et une phrase où il sera employé au sens figuré.

froid – arracher – bouchon – citrouille – fourmi

9 Retrouve le mot employé au sens figuré et écris une nouvelle phrase avec ce même mot au sens propre.

a. Pour terminer notre travail, il faut mettre les bouchées doubles.

b. Ton frère a la dent dure lorsqu'il parle d'Élise.

c. À la veille des examens, il est débordé.

d. Nanou ne viendra pas : elle a d'autres chats à fouetter.

10 Explique le sens de chacune des expressions suivantes.

a. Ne pas avoir la langue dans sa poche.

b. Les murs ont des oreilles.

c. Raccrocher le téléphone au nez de quelqu'un.

d. Se serrer les coudes.

e. Regarder quelqu'un de travers.

11 Écris une phrase avec chacune des expressions suivantes.

a. Avoir l'eau à la bouche.

b. Tuer le temps.

c. Avoir le cœur sur la main.

d. Le poids des mots.

J'écris

12 Dico **Écris un court dialogue à la manière du texte page 246 avec les différents sens du mot *tomber* que tu trouveras dans le dictionnaire.**

Comprendre un mot inconnu à partir du contexte

Je cherche

Le poisson-clown est omnivore, ce qui signifie qu'il mange de tout. Il se nourrit principalement de crevettes et de petites moules, mais certaines espèces préfèrent les algues et le plancton. Le poisson-clown vit en groupe, dans des anémones de mer, des animaux aux tentacules venimeux. Ses écailles sont recouvertes de mucus, une substance qui le protège des piqûres de l'anémone. En vivant près d'elles, le poisson est en sécurité : il ne risque pas d'être attaqué par des prédateurs. En échange, il nettoie l'anémone de tous les parasites qui s'installent entre ses tentacules. Le poisson-clown est hermaphrodite, c'est-à-dire qu'il est à la fois mâle et femelle. Mais à la naissance, il est toujours de sexe masculin. Dans le groupe, seul le plus gros a le rôle d'une femelle. Si elle meurt, le plus gros des mâles prend sa place et deviendra femelle à son tour.

Mon Quotidien, mai 2012.

1. **Relève les expressions qui te permettent de comprendre les mots surlignés.**

2. **Réécris le début du texte en ajoutant une expression permettant d'expliquer les mots *plancton* et *prédateurs*. Aide-toi du dictionnaire.**

Je retiens

✓ **Pour comprendre un mot inconnu, je m'appuie sur le contexte du mot,** c'est-à-dire **les phrases qui l'entourent**.

✓ Je dois **faire des liens entre les informations** et **repérer des indices** :

- l'emploi d'**expressions** comme ***ce qui signifie*** et ***c'est-à-dire*** :
  *Les baleines et les oiseaux de mer se nourrissent de krill, **c'est-à-dire de petits crustacés qui vivent regroupés**.*
- l'utilisation de la ponctuation : la **virgule** ou les **deux-points**.
  *Le krill, **ensemble de très petits crustacés qui vivent regroupés**, est la nourriture principale des oiseaux de mer et des baleines dans les eaux polaires.*
  *Les oiseaux de mer et les baleines se nourrissent de krill : **c'est un ensemble de très petits crustacés qui vivent regroupés**.*

Je repère

1 **Relève l'expression qui explique le mot surligné et l'indice qui t'a aidé.**

Ces acteurs jouent un type de théâtre japonais ancien appelé kabuki. Ils portent de riches costumes et la représentation est un mélange de jeu théâtral, de chant, de danse et de musique.

Mon encyclopédie découvertes, Gallimard Jeunesse.

2 **Relève l'expression qui explique le mot surligné. Justifie ton choix.**

Les cheveux nous protègent des ardeurs du soleil comme de l'air glacial ; cils et sourcils protègent nos yeux de la sueur et de la poussière. Par temps froid, les poils se hérissent pour emprisonner l'air tiède : c'est la chair de poule.

La grande encyclopédie 8-11 ans, Rouge et Or.

3 **Relève l'expression qui explique le mot surligné. Justifie ton choix.**

La surface d'Europe, l'un des quatre gros satellites de Jupiter, est couverte de glace. Des informations envoyées par la sonde Galileo ont montré qu'il y a peut-être de l'eau dessous.

Dans l'espace, trad. A. Bataille,Gallimard Jeunesse.

4 **Relève l'expression qui explique le mot surligné. Justifie ta réponse.**

Les vikings

Ces combattants scandinaves, embarqués à bord de leurs navires robustes et rapides, les drakkars, franchirent les mers et remontèrent les fleuves pour mener des raids.

La grande encyclopédie 8-11 ans, Rouge et Or.

5 **Relève l'expression qui explique le mot surligné dans chaque phrase et l'indice qui t'a aidé.**

a. Les cigognes d'Alsace se déplacent chaque année vers les pays chauds pour y passer l'hiver : on les appelle des oiseaux migrateurs .
b. Les fraises, les framboises, les pêches sont des fruits aqueux, ce qui signifie qu'ils contiennent de l'eau.
c. L'écriture égyptienne est basée sur un alphabet de symboles. Ce sont les hiéroglyphes.
d. Le dauphin commun a un corps long et fuselé. Sa tête est pourvu d'un rostre, c'est-à dire d'un long bec.

Je manipule

6 Dico **Continue la phrase en expliquant le mot surligné. Utilise les expressions ce qui signifie, c'est-à-dire.**

a. Le jardinier veut planter des plantes vivaces.
b. Le chêne est un arbre aux feuilles caduques.
c. Durant l'hiver, il est possible de nourrir les oiseaux insectivores.
d. Les animaux charognards comme les hyènes et les vautours ne paraissent pas sympathiques.

7 Dico **Rédige une phrase pour chaque mot en utilisant la même construction que l'exemple.**

Le cyclone, vent dévastateur accompagné de pluie, a détruit des maisons sur son passage.

a. les nébuleuses
b. le lamantin
c. un geyser
d. le plancton

8 **Rédige une phrase qui définit chaque mot en utilisant les expressions : que l'on appelle – ce sont.**

a. les granivores
b. les caravelles
c. l'aquarelle
d. le flamenco

9 **Rédige une définition pour chaque mot dans le domaine de la géométrie.**

a. une figure
b. un disque
c. une règle
d. un pavé

10 **Identifie les domaines dans lesquels on utilise les mots suivants.**

a. arête
b. sommet
c. espace
d. milieu

11 **Écris une phrase qui donne la définition des mots de l'exercice 10 pour chaque domaine trouvé.**

J'écris

12 Dico **Rédige un paragraphe dans lequel tu utiliseras les expressions suivantes en les expliquant : station balnéaire et port de plaisance**

Identifier et utiliser des mots qui expriment des sentiments et des émotions

Je cherche

Cécette quitte la Guadeloupe et laisse derrière elle Man Ninie et Papoli, ses grands-parents qui l'élèvent. C'est Cécette qui aide Man Ninie à lire et écrire.

Le jour du départ, Cécette se lève au chant du coq. Elle n'a pas dormi de la nuit. Sur le quai, quand la sirène d'embarquement retentit, elle sursaute. Papoli est là. Il a accepté de quitter sa plage. Des larmes coulent sur les joues de Man Ninie. Sous son foulard, ses cheveux sont défaits.
« Qui va lui lire les lettres, lui apprendre à écrire maintenant ? » demande Cécette.
Sa vue se brouille. Brusquement, Cécétte a peur. Peur de partir.

Alex Godard, *Maman-Dlo*, Albin Michel Jeunesse.

1. **D'après toi, pourquoi Cécette n'a-t-elle pas dormi de la nuit ?**
2. **Que ressent-elle quand elle sursaute ?**
3. **Que signifie la phrase :** ***Sa vue se brouille*** **?**
4. **Cherche dans le dictionnaire les mots** ***sentiment*** **et** ***émotion*****. Puis fais la liste des sentiments et des émotions ressentis par Cécette et Man Ninie.**

Je retiens

✓ Lorsque **je lis** ou **j'écris des textes**, je dois savoir **identifier les sentiments** et **les émotions** des personnages.

✓ **Une émotion** est **une réaction physique face à un sentiment. Le sentiment dure** dans le temps.
Lorsqu'il entendit frapper, il se mit à ***trembler****.* → une émotion
Il avait très ***peur****.* → un sentiment

✓ Pour exprimer **un sentiment ou une émotion**, comme **la joie**, je peux utiliser :
- des **noms** : *la gaieté, l'allégresse*
- des **verbes** : *rire, s'amuser, jubiler*
- des **adjectifs** : *heureux, jovial, enchanté*

Je repère

1 **Recopie les mots de chaque série. Souligne ceux qui expriment un sentiment.**
a. la tendresse – la poursuite – la haine – la satisfaction
b. heureux – tourmenté – rapide – anxieux
c. aimer – paniquer – regretter – manger
d. la douleur – le bruit – le mépris – la détresse
e. agile – joyeux – triste – peureux

2 **Classe les mots selon les sentiments exprimés.**
l'allégresse – le regret – heureux – étonner – le remord – rire – embarrassé – enjoué – la surprise – effaré – la joie – la honte

3 **Recopie le texte. Souligne les mots exprimant un sentiment.**
Peu après, Merlin quitta la cour pour toujours, à la grande tristesse du roi. Il allait vivre en Petite-Bretagne, dans la forêt de Brocéliande, près de la fée Viviane qu'il aimait.

J. Mirande, *Contes et légendes des chevaliers de la table ronde*, Nathan Jeunesse.

4 **Relève les mots exprimant les émotions de Filolog.**
Filolog est déjà là. Paul lui tend la feuille sous le nez et, de colère, Filolog lâche sa valise en bois.
– Bon, d'accord, grogne-t-il.
Il fouille à grand-peine dans sa valise, en tire quatre boîtes qu'il ouvre et dont il vide le contenu.

H. J. Schädlich, *Le coupeur de mots*, Flammarion.

5 **Trouve l'intrus dans chaque série. Justifie ta réponse.**
a. pleurer – des sanglots – la colère – attristé
b. l'affection – la passion – l'amitié – la fureur
c. l'effroi – terrorisé – trembler – dormir
d. le chagrin – la gaieté – la mélancolie – le désespoir

6 **Poursuis chaque liste avec deux mots.**
a. affolé – apeuré …
b. furibond – enragé …
c. la crainte – la terreur …

7 **Souligne l'émotion exprimée par chacune des expressions.**
a. **avoir les larmes aux yeux** : le chagrin – la peur – la joie
b. **avoir le souffle coupé** : le dégoût – la tristesse – la surprise
c. **avoir le cœur gros** : l'amour – la tristesse – la crainte
d. **avoir un coup de sang** : la colère – la joie – l'amour

Je manipule

8 **Utilise chacun des adjectifs dans une phrase.**
a. écœuré
b. contrarié
c. soucieux
d. émerveillé

9 **Écris ce que dit la petite fille, en respectant l'émotion exprimée.**

10 **Utilise chaque expression dans une phrase.**
a. rester bouche bée
b. fendre le cœur
c. être glacé de peur
d. rester de marbre
e. pleurer à chaudes larmes

11 **Écris la phrase que pourrait dire chaque personnage en respectant l'émotion exprimée.**

J'écris

12 **Écris les paroles de trois personnages en exprimant leurs émotions et leurs sentiments.**

Le petit Spirou, t. 4, *C'est pour ton bien*,

Le dictionnaire

1 Lis l'article et relève :

> **lâcher** v. ❶ Laisser tomber, cesser de tenir. *Il a lâché la pile d'assiettes. Adrien lâcha la main de sa mère.* CONTR. **attraper, maintenir.** ❷ Cesser de serrer ou de retenir. *Lâche-moi, tu me fais mal. Ils ont lâché les chiens.* SYN. **lancer.** ❸ Dire malgré soi. *Elle a lâché une injure.* ❹ Céder, se casser brusquement. *Les freins ont lâché.* ❺ (Sens familier). Abandonner quelque chose ou quelqu'un. *L'an prochain, Antonin lâchera ses cours de musique.*
> • Le a prend un accent circonflexe.
> ▶ **lâcher** n.m. Action de lâcher, de laisser partir. *Un lâcher de ballons.*

Dictionnaire Larousse Junior 7-11 ans, © Larousse.

a. une définition.
b. une phrase exemple.
c. un contraire du verbe *lâcher*.
d. un mot de la même famille.

2 Lis l'article et dis si les informations suivantes sont vraies ou fausses.

> **lait** n.m ❶ Liquide blanc, très nourrissant, sécrété par les seins d'une femme qui vient d'accoucher, par les mamelles des mammifères femelles. *Le beurre est fabriqué avec du lait de vache.* ❷ **Dent de lait**, dent qui tombe vers l'âge de six ans. ❸ **Lait de toilette**, produit liquide utilisé pour les soins de la peau.
> ▶ Mots de la même famille : **allaiter, allaitement.**

Dictionnaire Larousse Junior 7-11 ans, © Larousse.

a. Le mot défini est un verbe.
b. Dans l'article, on trouve des contraires du mot défini.
c. *allaitement* est un mot de la même famille que le mot défini.
d. Le mot défini a trois sens.

Les familles de mots

3 Recopie les mots construits avec le préfixe pré- signifiant « avant ».

prédire – prémolaire – prédisposer – prédateur – précipiter – préfabriqué – prédéterminer – préférence – préméditer – préhistoire

4 Utilise le préfixe anti- signifiant « contre » pour construire le mot qui correspond à chaque définition.

a. Un produit qui agit contre le gel.
b. Un médicament qui combat l'inflammation.
c. Un objet qui protège du vol.

5 Classe les mots selon leurs suffixes.

promenade – boulangerie – rigolade – chamaillerie – bousculade – ossature – moisissure – gelure – pâtisserie – fromagerie

6 Écris deux mots de la même famille pour chaque verbe en changeant le suffixe.

coiffer – écrire – courir – alimenter

7 Relève l'intrus de chaque série. Justifie ta réponse.

a. chapeau – chapitre – chapelier – chapeauter
b. forer – forestier – forêt – déforestation
c. hériter – héritier – hérisson – héritage
d. plume – plumeau – plumage – pluviôse

8 Trouve un verbe de la même famille pour chaque nom.

noyade – plongeoir – filature – rage

9 Trouve un mot de la même famille pour chaque adjectif.

immense – parfait – noirci – vert

Le sens des mots

10 Relève un mot générique et les mots particuliers qui lui sont associés.

Le snowboard, la varappe et l'alpinisme, le canoë, le ski, la voile sont tous des sports de plein air. Ils nécessitent des tenues et des équipements spéciaux pour protéger le corps et garantir la sécurité.

Mon encyclopédie découvertes © Gallimard Jeunesse.

11 Relève le mot générique correspondant aux mots surlignés dans le texte.

Savanes, pampas, plaines et steppes sont de vastes plaines. Les précipitations n'y sont pas assez fortes pour que des arbres y poussent, mais des pluies saisonnières favorisent la pousse de hautes herbes, dont raffolent les herbivores.

J. Seidensticker, S. Lumpkin, *Les Animaux prédateurs* © Larousse.

12 Relève l'expression qui explique le mot surligné. Indique l'indice qui t'a aidé.

Dans les eaux du Pacifique, les forêts de *kelp*, des algues laminaires géantes, sont le refuge et le garde-manger de nombreux animaux. Poussant en hauteur, elles abritent des habitants à tous les étages.

Au fond des océans © Gallimard Jeunesse.

13 Recopie le texte. Souligne l'expression qui explique le mot surligné. Encadre l'indice.

Le premier avion qui a vraiment volé fut celui des frères Wright. Il fut construit en Amérique en 1903. C'était un biplan, ce qui signifie qu'il possédait deux ailes superposées.

Mon encyclopédie découvertes © Gallimard Jeunesse.

14 Recopie le texte. Souligne l'expression qui explique le mot surligné. Justifie ta réponse.

Les sons sont produits lorsque des objets se mettent à vibrer, c'est-à-dire à se déplacer très rapidement d'une position à une autre. Ils font également vibrer l'air qui les entoure.

Mon encyclopédie découvertes © Gallimard Jeunesse.

Acquérir du vocabulaire

15 Recopie le texte. Souligne les expressions exprimant une intensité.

Mercure, Vénus, la Terre et Mars sont les planètes les plus proches du Soleil et les plus petites du système solaire. Principalement constituées de roches et de métaux, elles possèdent une surface dure appelée « croûte ».

Dans l'espace © Gallimard Jeunesse.

16 Trouve un mot d'intensité supérieure pour chacun des mots.

crier – la peur – se sauver – mince

17 Dico **Identifie l'émotion ressentie évoquée dans chacune des phrases.**

a. Il se mit à trembler à l'idée d'être vu.
b. Elle vociféra des paroles désagréables.
c. L'enfant riait devant tous ses cadeaux et frappait des mains.
d. Théo ouvrit grand les yeux quand il vit la quantité de jouets.
e. Ma petite sœur se mit à pleurer dès le début du film.

18 Identifie le sentiment exprimé par Obélix. Justifie ta réponse. Puis imagine une autre réplique qu'il aurait pu dire.

R. Goscinny, A. Uderzo, *Astérix aux jeux olympiques*, © Éditions Albert René / Goscinny - Uderzo

19 Utilise le verbe *friser* dans une phrase selon chaque définition.

a. frôler quelque chose
b. former des boucles

20 Réécris chaque phrase en remplaçant le verbe détacher par un des verbes suivants : nettoyer – décrocher – éloigner.

a. Le pêcheur détache la barque et se met à ramer sur l'étang.
b. Ses défauts détachent tous ses amis de lui.
c. Puisque tu as peint sans te protéger, il faut maintenant détacher ton pull !

21 Indique si les mots surlignés sont employés au sens propre ou au sens figuré et relève les mots qui t'éclairent sur le sens.

a. J'aime boire de l'eau fraîche.
b. Demain nous aurons des nouvelles fraîches.
c. Le chalet est au pied de la montagne.
d. J'ai mal aux pieds avec ces chaussures.
e. Il a maigri : il nage dans ses vêtements.
f. Le champion nage le 400 mètres à toute vitesse.

22 Pour chacun des verbes, écris une phrase où il sera employé au sens propre et une phrase où il sera employé au sens figuré.

tomber – éclater – attraper – couver – couper

Crédits photographiques

p. 25 : Olivier Soulié – **p. 28** : Bernard Moison/Compagnie du Si – **p. 29** : Bernard Moison/Compagnie du Si – **p. 48** : CNES/ESA/Arianespace/Optique VidéoCSG/P. Baudon, 2011 – **p. 49** : CNES/ESA/Arianespace/Optique Vidéo CSG/J.M. Guillon, 2012 – **p. 53** : Prod DB/MGM/DR – **p. 62** : Fotolia.com – **p. 63** : Bios – **p. 69** : Jastrow ; Valdoria – **p. 70** : The Barnes Foundation/The Bridgeman Art Library ; N. Thibaut/Photononstop – **p. 73** : Fotolia.com – **p. 74** : J.P. Metsavainio/Ciel et Espace – **p. 75** : NASA – **p. 76** : Roger Viollet – **p. 77** : coll. Sirot-Angel/Leemage – **p. 80** : G. Tavernier, CNES, 2010 – **p. 81** : Istockphoto.com ; Lana Goussarenko ; Istockphoto.com – **p. 82** : Bulloz/RMN ; G. Blot/RMN ; RMN – **p. 83** : Roger-Viollet – **p. 84** : J.M. Lecleire/Ciel et Espace – **p. 93** : Folon, ADAGP Parsi, 2013 – **p. 111** : L. Vaccarella/Photononstop ; PHOTOPQR/La Montagne/F. Salesse/MaxPPP ; L. Venance/AFP ; V. Joncheray – **p. 115** : Fotolia.com – **p. 117** : R. Keith/Getty Images – **p. 118** : Santiphoto/Fotolia.com – **p. 121** : NASA – **p. 124** : Wajan/Fotolia.com – **p. 125** : Fotolia.com – **p. 127** : O. Prevosto/Corbis – **p. 129** : Fotolia.com ; Shutterstock.com – **p. 130** : Fotolia.com – **p. 133** : Fotolia.com – **p. 135** : Fotolia.com – **p. 137** : Fotolia.com – **p. 139** : Fotolia.com – **p. 142** : A. Demotes/Photononstop – **p. 143** : TCD – **p. 146** : Musée d'Art moderne et d'Art Contemporain, Liège, Belgium/The Bridgeman Art Library – **p. 147** : Fotolia.com– **p. 148** : CNCS/Photo Pascal François – **p. 149** : Fotolia.com – **p. 151** : Fotolia.com – **p. 152** : Fotolia.com – **p. 158** : Jy Cessay/Fotolia.com – **p. 160** : J. Schwarz/Laif/Réa – **p. 163** : Leemage – **p. 166** : Duris Guillaume/Fotolia.com – **p. 170** : Musée Carnavalet/Roger-Viollet – **p. 172** : Dennisjacobsen/Fotolia.com – **p. 173** : Bettmann/Corbis – **p. 181** : Corbis – **p. 183** : F. Prochasson/Fotolia.com – **p. 184** : DeVice/Fotolia.com – **p. 189** : Monkey Business/Fotolia.com – **p. 196** : Shutterstock.com – **p. 198** : Shutterstock.com – **p. 206** : Csuper.fr, avec l'aimable autorisation du Cirque Gruss, http://www.cirque-gruss.com – **p. 207** : Istockphoto.com – **p. 209** : Fotolia.com – **p. 210** : Fotolia.com – **p. 213** : Fotolia.com – **p. 221** : Photo Josse/Leemage – **p. 222** : Fotolia.com – **p. 223** : Fotolia.com – **p. 224** : Fotolia.com – **p. 225** : Fotolia.com – **p. 228** : Fotolia.com – **p. 229** : Leemage – **p. 230** : www.espritbd.fr/DR – **p. 231** : Fotolia.com – **p. 233** : Presse Sport – **p. 240** : Istockphoto.com – **p. 241** : Fotolia.com – **p. 242** : Istockphoto.com – **p. 243** : Fotolia.com – **p. 244** : Alamy/Photo12.com – **p. 248** : Fotolia.com – **p. 249** : Fotolia.com – **p. 251** : Fotolia.com – **p. 253** : Fotolia.com – **p. 254** : Fotolia.com.

Complément crédits texte

p. 74, 115, 117, 143, 152, 153, 154, 155, 227, 248 : *Mon Quotidien, le quotidien d'actualité dès 10 ans*, www.monquotidien.fr – **p. 181, 239** : *Le Petit Quotidien, le quotidien d'actualité dès 6 ans*, www.playbacpresse.fr – **p. 120** : Robert Coupe, *Corps humain*, trad. M. Boghossian - Discovery Education © Gallimard Jeunesse – **p. 62, 149, 151** : Robert Coupe, *Félins*, trad. M. Bellanger - Discovery Education © Gallimard Jeunesse – **p. 78, 79, 241** : *La Grande Encyclopédie*, trad. S. Deraime, M. Boghossian © Gallimard Jeunesse, 2012 © Dorling Kindersley Ltd, 2009 – **p. 121, 248, 250, 251, 254, 255** : A. Ganeri, C. Oxlade, *Mon encyclopédie découvertes*, © Gallimard Jeunesse, 2007 © Dorling Kindersley, 2002. – **p. 224, 255** : *Au fond des océans*, trad. J.-P. Riby © Gallimard Jeunesse © Dorling Kindersley – **p. 237** : L. Mc Fadzean, *Écologie*, trad. C. Rendu © Discovery Education © Gallimard Jeunesse – **p. 255** : *Dans l'espace*, trad. A. Bataille © Gallimard Jeunesse © Dorling Kindersley.

Illustrations

Illustrations intérieures :

Marie Caudry (p. 9, 18-20, 32-33, 37, 40, 119, 144, 212, 215, 219)
Olivier Deloye (p.42-43, 54-55, 56)
Élodie Durand (p. 97, 98-99, 100-101, 102-103, 104-105, 112)
Alice Gravier (p. 60-61, 108-109)
Alexandre Honoré (p. 46-47)
Louise Heugel (p. 85, 90-91, 92, 94-95, 96)
Delphine Jacquot (p. 30-31, 57, 66-67, 68)
Violaine Leroy (p. 64-65, 72)
Laetitia Le Saux (p. 22-23, 58-59, 86-87)
David Lopez (p. 114, 168, 194)
Grégoire Mabire (p. 44-45, 131, 136, 140-141, 145, 154, 159, 162, 164, 171, 175, 180, 187, 193, 195, 208, 211, 214, 237, 244, 245, 247, 251)
Anne Montel (p. 16-17, 24, 38-39, 126, 134, 138, 150, 182, 190)
Sébastien Pelon (p. 34-35, 36)
Benoît Perroud (p. 10-11, 106-107, 246)
Béatrice Rodriguez (p. 41, 50-51, 52, 132, 153, 197, 199, 216, 218, 227, 250, 253)
Roland Sabatier (p. 88-89)
Carole Xénard (p. 14-15, 122-123, 128, 161, 165, 167, 174, 176, 186, 192, 217, 226, 239).

Illustrations extraites d'œuvres originales : Alex Godard, *La case aux hibiscus,* © Albin Michel Jeunesse (p. 12-13) ; *Maman D'lo* © Albin Michel Jeunesse (p. 252).

Illustration de la couverture : Élodie Durand

Conception de couverture et maquette intérieure : Delphine D'inguimbert et Valérie Goussot
Mise en page partie Lecture : Delphine D'inguimbert et Valérie Goussot
Mise en page partie Langue : Al'Solo
Iconographie : Virginie Dauvet – Droits textes : Sophie Delauney
Relecture : Béatrice Pelletier – Édition : Sophie Hamon

Dépôt légal : février 2013 – n° d'éditeur : 2015_0734
Achevé d'imprimer en mars 2015 par Pollina - L11424

Je connais la nature des mots

La nature du mot, c'est ce que le mot est.

À la fin du CM2, je dois connaître les **mots invariables**.
Ce sont des mots dont l'orthographe ne change jamais.

- **Les adverbes** ▸ p. 140

  Autrefois, un chêne poussait ici.

- **Les prépositions** ▸ p. 138

  Pour faire un château de sable, il faut une pelle et un râteau.

- **Les conjonctions de coordination** ▸ p. 136

  Je me couche tôt, car je suis fatigué.

À la fin du CM2, je connais aussi les **mots variables**.
Leur orthographe change selon le nombre, le genre ou le temps.

- **Les noms** ▸ p. 124

  Les élèves préparent un spectacle.

- **Les déterminants** ▸ p. 126, 128

  Une comète file dans le ciel.

- **Les adjectifs qualificatifs** ▸ p. 124

  Ce petit stylo bleu écrit bien.

- **Les pronoms** ▸ p. 130, 132, 134

  Elle lui a pris la poupée qui était placée à côté de la tienne.

- **Les verbes** ▸ p. 122

  Mon frère joue aux billes pendant que je lis mes livres préférés.